MILAGRES DA MENTE

MILAGRES DA MENTE

DR. JOSEPH MURPHY

Tradução
Alexandre Tuche

1ª edição

Rio de Janeiro | 2025

TÍTULO ORIGINAL
Miracles of your mind

TRADUÇÃO
Alexandre Tuche

CIP-BRASIL. CATALOGAÇÃO NA PUBLICAÇÃO
SINDICATO NACIONAL DOS EDITORES DE LIVROS, RJ

M96m Murphy, Joseph, 1898-1981
  Milagres da mente / Joseph Murphy ; tradução Alexandre
  Tuche. - 1. ed. - Rio de Janeiro : BestSeller, 2025.

  Tradução de: The miracles of your mind
  ISBN 978-65-5712-486-4

  1. Controle da mente. 2. Sucesso. 3. Inconsciente
  (Psicologia). I. Tuche, Alexandre. II. Título.

25-97131.0   CDD: 154.2
        CDU: 159.955

Gabriela Faray Ferreira Lopes - Bibliotecária - CRB-7/6643

Copyright © 1956 Jean L. Murphy Revocable Trust
Copyright da tradução © 2025 by Editora Best Seller Ltda.

Todos os direitos reservados. Proibida a reprodução,
no todo ou em parte, sem autorização prévia por escrito da editora,
sejam quais forem os meios empregados.

Direitos exclusivos de publicação em língua portuguesa para o
Brasil
adquiridos pela
Editora Best Seller Ltda.
Rua Argentina, 171, parte, São Cristóvão
Rio de Janeiro, RJ – 20921-380
que se reserva a propriedade literária desta tradução.

Impresso no Brasil

ISBN 978-65-5712-486-4

Seja um leitor preferencial Record.
Cadastre-se e receba informações sobre nossos
lançamentos e nossas promoções.

Atendimento e venda direta ao leitor:
sac@record.com.br

Sumário

Como a mente funciona 7

O subconsciente e a saúde 15

O subconsciente e o alcoolismo 39

O subconsciente e a riqueza 53

Como utilizar o subconsciente
nos problemas conjugais 69

O subconsciente e a orientação 83

Sobre o autor 95

Outras obras do Dr. Joseph Murphy 109

CAPÍTULO 1
Como a mente funciona

O ser humano possui apenas uma mente, mas, dentro dela, há dois aspectos distintos. Cada aspecto é caracterizado por seus próprios fenômenos, capazes de ações independentes e sincrônicas. Chamamos uma de mente objetiva, porque lida com fatores externos, e outra, de mente subjetiva. A mente subjetiva é influenciável e controlada pela mente objetiva ou consciente. A mente objetiva toma conhecimento do mundo objetivo.

Os meios de observação são os cinco sentidos. A mente objetiva é nosso guia no contato com o meio ambiente. Adquirimos conhecimento por meio dos cinco sentidos. A mente objetiva aprende pela observação, pela experiência e pela educação. A maior função da mente consciente é o raciocínio.

Tome como exemplo a cidade de Los Angeles: você pode concluir que ela é uma cidade bonita quando observa os parques, as construções, sua bela estrutura, os lindos jardins de flores e assim por diante. É assim que funciona a sua mente consciente.

A palavra *objetiva* quer dizer que a mente lida com experiências sensoriais. A mente subjetiva, porém, toma conhecimento do seu ambiente por meios independentes dos cinco sentidos físicos. A mente subjetiva ou subconsciente — ambos os termos podem ser utilizados — percebe por meio da intuição. O subconsciente é o centro de suas emoções. Podemos afirmar que ele executa suas mais altas funções quando os sentidos objetivos estão em estado latente.

A mente subconsciente é a inteligência que se manifesta quando a mente consciente está suspensa ou num estado indolente e sonolento. O subconsciente vê sem utilizar os olhos; tem a capacidade de clarividência e clariaudiência. O subconsciente pode abandonar o corpo, viajar para terras distantes e frequentemente trazer à tona a inteligência mais exata e verdadeira. Por meio do subconsciente, é possível ler o pensamento dos outros, até mesmo nos detalhes mais ínfimos, e acessar o conteúdo de envelopes selados e cofres fechados.

O subconsciente tem a habilidade de apreender os pensamentos das pessoas sem utilizar o meio de comunicação comum e objetivo. Então, para aprender a verdadeira arte da prece, precisamos compreender a interação da mente consciente com a subconsciente.

Hoje existem muitos termos utilizados na descrição da mente objetiva e da subjetiva. São eles: mente consciente ou subconsciente; mente desperta ou adormecida; eu superficial ou eu profundo; mente voluntária ou involuntária; masculino e feminino etc. Mas lembre-se de que existe apenas uma mente que possui dois aspectos ou funções.

A mente subjetiva é sempre receptiva à sugestão, é controlada por ela. Devemos reconhecer que o subconsciente aceita todas as sugestões: ele não discute com você e satisfaz os seus desejos. Tudo o que acontece com você se deve aos pensamentos incutidos no subconsciente por meio da crença. O subconsciente aceitará suas crenças e suas convicções.

É como o solo: ele aceitará qualquer semente que for depositada nele, seja boa ou ruim. Lembre--se: tudo aquilo em que acreditar ou que entender como verdadeiro será aceito por seu subconsciente e trazido para sua vida como uma condição, uma experiência ou um acontecimento. As ideias chegam ao subconsciente mediante o sentimento.

Ilustremos com um exemplo: o subconsciente é como o navegador na ponte de comando de um navio. Ele controla a embarcação e transmite ordens para os homens na casa de máquinas — onde estão as caldeiras, os instrumentos, os medidores e assim por diante. Os homens na casa de máquinas não sabem para onde estão indo; eles seguem ordens e colidiriam com as rochas se o navegador emitisse instruções erradas ou imperfeitas, baseadas em seus estudos com a bússola, o sextante e outros instrumentos. Os homens na casa de máquinas o obedecem porque ele é o comandante. Eles não discutem; simplesmente executam ordens.

O comandante é o mestre do navio, e suas ordens são seguidas. Da mesma forma, sua mente consciente é o comandante, o mestre. Seu corpo e todos os aspectos da sua vida representam o navio.

Seu subconsciente acata as ordens que você lhe dá com base na sua crença e nas sugestões aceitas como verdadeiras.

Um outro exemplo simples é o seguinte: quando você diz repetidamente para as pessoas "Eu não gosto de cogumelos" no momento em que lhe servirem cogumelos, terá indigestão, porque seu subconsciente diz para você: "O chefe não gosta de cogumelos." Esse provavelmente é um exemplo divertido; no entanto, a relação entre o consciente e o subconsciente não é diferente.

Quando uma mulher diz "Se tomo café à noite, acordo às 3h", sempre que ela ingerir café o subconsciente lhe dará uma cotovelada de leve, como se quisesse dizer: "O chefe quer que você fique acordada esta noite."

O coração é denominado mente subconsciente nas alegorias antigas. Os egípcios sabiam que o coração era a mente subconsciente, mas não o chamavam por esse nome. Os caldeus e os babilônios davam-lhe nomes diferentes. Se você incutir algo no seu subconsciente, ele o expressará. Qualquer ideia que se torne uma emoção ou seja sentida como verdadeira será aceita por ele.

Se você desejar uma cura, por exemplo, fique em silêncio, relaxe, respire tranquilamente, concentre-se, pense no poder de cura dentro do seu subconsciente e afirme que o órgão do seu corpo está se curando agora. Enquanto faz isso, não deve haver ressentimento nem amargura no seu coração; você deve perdoar a todos. Pode repetir esse processo de cura três ou quatro vezes por dia. Lembre-se de que seu subconsciente fez o corpo e também pode curá-lo. As pessoas estão constantemente afirmando a cura de um órgão ou uma parte de seu corpo, então 10 ou 15 minutos depois elas dizem "Ah, estou piorando; nunca ficarei curado. Sou incurável". Essa atitude mental e essas declarações negativas neutralizam a prévia afirmação positiva.

Se um cirurgião operasse você, retirasse o seu apêndice e, nos minutos seguintes, voltasse atrás e abrisse seu corpo novamente para ver como seu organismo estava reagindo, ele provavelmente o mataria por contaminação. Você mata ou impede a cura ao fazer declarações negativas.

Existe uma mente subconsciente dentro de você, e você deveria aprender a utilizá-la da mesma forma que alguém aprende a utilizar a eletricidade. Os seres humanos controlam a eletricidade com fios, tubos e lâmpadas juntamente com o seu conhecimento das leis da condutividade, da isolação e assim por diante. Devemos aprender a respeito do enorme poder e inteligência que temos dentro de nós e a utilizá-los de forma sábia.

Um grande número de pessoas está começando a perceber a verdadeira importância do subconsciente. Nos negócios, muitos o estão utilizando para alcançar o sucesso e obter uma promoção. Edison, Ford, Marconi, Einstein e outros utilizaram o subconsciente, o que lhes propiciou o discernimento e o conhecimento para todas as suas grandes realizações na ciência, na indústria e nas artes. Estudos têm demonstrado que a habilidade de colocar em ação os poderes subconscientes determinou o sucesso de todos os grandes cientistas e pesquisadores. Existe um dínamo incrível dentro de você que pode ser utilizado. Você ficará completamente livre da tensão e da frustração e descobrirá a abundante energia dentro de si mesmo, levando à energização e revitalização de todas as partes do seu corpo.

Sabemos, por exemplo, que o filósofo Elbert Hubbard declarou que suas ideias mais importantes ocorreram enquanto ele estava relaxado, trabalhando no jardim ou fazendo uma caminhada. Isso ocorre porque, quando a mente consciente está relaxada, a sabedoria subjetiva vem para o primeiro plano. Inspirações repentinas acontecem com frequência quando a mente consciente está completamente relaxada.

Quantas vezes você já se perguntou à noite qual era a solução para um problema em particular e, quando passou a solicitação para o subconsciente, ele lhe deu a resposta pela manhã? Esse é o significado do velho provérbio "A noite é boa conselheira". Se você quiser acordar às 7h e sugeri-lo para o subconsciente, este o acordará às 7h em ponto.

Uma mãe pode estar cuidando de um filho doente e adormecer, mas, antes de cair no sono, ela sugere ao subconsciente que acordará se a temperatura da criança subir ou quando ela precisar de remédio ou, talvez, chorar. Uma tempestade não conseguirá tirar a mãe de seu sono, mas, se a criança chorar, ela acordará imediatamente. Essa é uma função simples do subconsciente.

CAPÍTULO 2
O subconsciente e a saúde

A questão da terapia mental está gerando um grande interesse em todo o mundo no momento. Aos poucos, os seres humanos estão despertando para os poderes de cura que residem em nosso subconsciente. É fato conhecido que todas as diferentes escolas de cura conseguem realizações fenomenais. A justificativa para isso é que existe um único princípio de cura universal: o subconsciente; e um único processo de cura: a fé. É por isso que Paracelso declarou essa grande verdade: "Seja o objeto da sua fé verdadeiro ou falso, você obterá os mesmos efeitos."

É fato estabelecido que curas ocorreram em vários santuários em todo o mundo, como no Japão, na Índia, na Europa e no continente americano.

MILAGRES DA MENTE

Você encontrará muitas teorias bastante diferentes, cada uma apresentando evidências de cura indubitáveis. Para o pensador obviamente deve haver algum princípio subjacente comum a todas elas. Independentemente da localização geográfica ou dos meios usados, existe apenas um princípio de cura, e o processo de toda cura é a fé.

O primeiro que se deve lembrar é da natureza dupla da mente. O subconsciente é constantemente receptivo ao poder de sugestão. Além disso, possui controle total das funções, condições e sensações do seu corpo.

Eu me aventuro a acreditar que todos os leitores deste livro estão familiarizados com o fato de que os sintomas de quase todas as doenças podem ser induzidos em pacientes hipnotizados por meio da sugestão.

Um paciente em estado hipnótico, por exemplo, pode ficar com a temperatura alta, o rosto corado ou ter calafrios segundo a natureza da sugestão feita. Como experimento, pode-se afirmar à pessoa que ela está paralisada e não consegue andar, e assim será. A dor também pode ser induzida em qualquer parte do corpo. Pode-se segurar uma xícara de água sob o nariz do paciente hipnotizado e lhe dizer: "Está cheio de pimenta; cheire!" Ele espirrará em seguida. O que você acha que fez com que ele espirrasse: a água ou a sugestão?

Se um homem diz que é alérgico a grama, você pode colocar uma flor sintética ou até mesmo um copo vazio diante de seu nariz quando ele estiver em estado hipnótico e lhe dizer que é grama, e ele apresentará todos os sintomas de alergia. Isso indica que a causa da doença está na mente; a cura da doença também pode ocorrer mentalmente.

Percebemos que curas notáveis ocorrem por meio da osteopatia, da quiropraxia, da medicina e da naturopatia, bem como graças às mais diferentes religiões, mas asseguramos que todas essas curas são realizadas pelo subconsciente — a única fonte de cura que existe.

Observe como um homem cura um corte no seu rosto ocasionado ao se barbear; ele sabe exatamente o que fazer. O médico cobre a ferida; ele diz: "A natureza cura." A natureza se refere à lei natural, à lei do subconsciente ou da autopreservação, que é a função da mente subconsciente. O instinto de autopreservação é a primeira lei da natureza;

o seu instinto mais forte é a mais potente das autossugestões.

Você acabou de aprender que pode induzir a doença em seu próprio corpo ou no de outra pessoa por meio da sugestão, desafiando os seus instintos naturais. É perfeitamente normal e óbvio que as sugestões, em harmonia com a autossugestão instintiva, tenham um poder maior.

É mais fácil manter e recuperar a sáúde do que causar doença no corpo. A fé que proporciona a cura é uma atitude mental correta, um modo de pensar, uma certeza interna, uma expectativa pelo melhor.

Na cura do corpo, é claro que se deseja assegurar ao mesmo tempo a fé da mente consciente e a da subconsciente; no entanto, isso não é essencial, desde que o indivíduo entre em um estado de passividade e receptividade ao relaxar a mente e ficar sonolento. Conheci pessoas que negavam completamente a matéria e seus corpos, mas que receberam curas maravilhosas. Conheci outras que diziam que o mundo era real, que a matéria era real e que seus corpos eram reais; elas, da mesma forma, alcançaram curas maravilhosas.

O SUBCONSCIENTE E A SAÚDE

A questão é que qualquer método, técnica ou processo que você venha a utilizar que provoque uma alteração na mente ou um novo ambiente mental é legítimo; os resultados virão em seguida. A cura se deve a uma alteração da atitude mental ou a uma transformação na mente.

Paracelso disse: "Seja o objeto da sua fé verdadeiro ou falso, você obterá os mesmos efeitos." Dessa forma, se você acreditar que os ossos dos santos curam, ou se acreditar no poder curativo de certas águas, obterá resultados devido à forte sugestão dada ao seu subconsciente; é isso que proporciona a cura. Assim também o feiticeiro, com suas magias, cura por meio da fé.

Qualquer método que faça com que você passe do medo e da preocupação para a fé e a expectativa curará. A verdadeira cura científica e mental é proporcionada pela ação conjunta das mentes consciente e subconsciente, direcionadas de forma científica.

A pessoa que nega uma ferida em sua mão (embora tenha uma) e que nega até mesmo o seu corpo, dizendo que tudo que é visível e tangível não tem existência real, pode alcançar a cura. Isso pode parecer absurdo para você. Surge a pergunta: "Como alguém alcança a cura quando vai contra tais declarações, alegando que elas insultam a sua inteligência?" A razão é muito óbvia quando se sabe como o subconsciente funciona.

Pede-se que o indivíduo relaxe a mente e o corpo e entre em um estado tranquilo, passivo e receptivo; então, os sentidos objetivos são parcialmente suspensos e ficam em estado latente. Ele está em um estado sonolento, e a mente subconsciente está receptiva à sugestão. O médico então sugere palavras maravilhosas de saúde perfeita que entram no seu subconsciente; o paciente encontra um grande alívio e talvez uma cura completa. O médico não está em situação de desvantagem em relação a autossugestões contrárias do paciente, que vêm da dúvida objetiva do poder de quem cura ou da correção da teoria. Durante o estado de sonolência da mente consciente, a resistência é reduzida ao mínimo; portanto, os resultados vêm em seguida.

Existe um grande número de pessoas que alega que, se sua teoria produz resultados, ela é, portanto, a correta; isso, como foi explicado neste capítulo, não é verdade. Sabe-se que existem vários tipos de

O SUBCONSCIENTE E A SAÚDE

cura. Franz Mesmer e outros curaram alegando que estavam emitindo um certo fluido magnético. Outros disseram que tudo isso era besteira, que a cura se devia à sugestão.

Todos esses grupos, tais como psiquiatras, psicólogos, osteopatas, quiropráticos, médicos e todas as instituições religiosas, estavam usando o único poder de cura universal existente no subconsciente. Cada um pode proclamar que as curas se devem à sua teoria. O processo de toda cura é uma atitude mental positiva e definida, uma certeza interna ou um modo de pensar chamado de *fé*. A cura se deve a uma expectativa confiante, que age como uma poderosa sugestão ao subconsciente, liberando sua potência curadora.

Um homem não se cura por um ou outro poder. É verdade que ele pode ter sua própria teoria ou seu próprio método. Existe apenas um processo de cura, que é a fé; existe apenas um poder de cura: o subconsciente. Escolha a teoria e o método que preferir. Pode estar certo de que, se tiver fé, irá alcançar os resultados.

Há algum tempo, John McDowell escreveu um artigo intitulado "Testes psicossomáticos revelam o poder da prece", no jornal *Los Angeles Examiner*, no qual descrevia testes conduzidos em terapia por meio da prece na Redlands University.

Ele escreveu o seguinte:

> O Dr. William R. Parker, de 37 anos, diretor da clínica, revelou hoje que os primeiros resultados da terapia da prece num grupo de 20 pacientes com artrite, tuberculose, úlcera e problemas de fala foram favoráveis.
>
> Esses pacientes, que concordaram em praticar a terapia da prece conjuntamente com a terapia psicológica de grupo, que ocorre regularmente na clínica da universidade, têm alcançado um progresso maior do que os pacientes regulares da clínica, relatou o Dr. Parker.
>
> Relatou-se, por exemplo, que os sintomas de úlcera estomacal de um paciente que utilizava apenas a terapia de grupo e a da prece desapareceram em três semanas.
>
> Um professor da Redlands University, sofrendo a maior parte de sua vida de um caso grave de gagueira que anos de vários tratamentos não conseguiram corrigir, hoje, após seis meses de terapia da prece, não tem nenhum sinal de problema de fala.
>
> Outro professor, forçado a se aposentar há um ano por causa de tuberculose, está de volta ao emprego, aparentemente curado.

O SUBCONSCIENTE E A SAÚDE

"O médico desse homem — um especialista em tuberculose — recentemente lhe passou um teste de escarro", disse o Dr. Parker. "O teste deu negativo, e o médico teve a certeza de que um erro tinha sido cometido. Ele imediatamente realizou outro teste e deu negativo novamente."

Dr. Parker — um psicólogo, não um médico — enfatiza que a terapia da prece não é um "falso" milagre que cura tudo, mas, sim, uma abordagem científica da fé e seu efeito no subconsciente.

O subconsciente, aos olhos do ainda pioneiro mundo da medicina psicossomática, é o manancial de muitas das aflições da humanidade, incluindo artrite, asma, febre do feno, esclerose múltipla, tuberculose, úlcera e hipertensão arterial.

A teoria psicossomática — amplamente questionada pela medicina — diz que essas doenças se iniciam como distúrbios funcionais no subconsciente e se transformam em doenças orgânicas, que os médicos tratam atacando os sintomas e não a causa.

A terapia da prece, segundo o Dr. Parker, é uma tentativa psicossomática de atacar as causas desses distúrbios no subconsciente.

Segundo Dr. Parker, "quatro dificuldades básicas de personalidade estão na raiz de tudo que dá errado no subconsciente: o medo, o ódio, a culpa e a inferioridade".

MILAGRES DA MENTE

Nas experiências de terapia pela fé em Redlands, essas dificuldades básicas são primeiramente esmiuçadas por meio de uma série de testes psicológicos aplicados aos pacientes que participam do projeto.

Em seguida, os pacientes se reúnem numa sessão de grupo de 90 minutos uma vez por semana para discutir seus problemas. Nesses encontros, cada paciente recebe um envelope lacrado contendo informações sobre um aspecto negativo de sua personalidade descoberto nos testes.

Quando chegam em casa, os pacientes abrem os envelopes, descobrem um traço novo e diferente de sua personalidade e resolvem essa dificuldade em particular por meio da prece, todos os dias até a próxima reunião de grupo.

Existe apenas uma "obrigação". Exige-se que cada paciente reze regularmente toda noite antes de se deitar.

"Insistimos na prece nesse momento porque a última coisa em que uma pessoa pensa antes de dormir muito provavelmente penetrará o subconsciente", disse o Dr. Parker.

O Dr. Parker, que fora o primeiro a experimentar sua própria teoria durante uma crise de úlcera três anos antes, disse que a maioria dos pacientes teve de aprender a rezar.

O SUBCONSCIENTE E A SAÚDE

Os pacientes de terapia da prece da clínica aprendem uma abordagem positiva da prece, enfatizando o amor e um conceito enaltecedor de Deus e do universo.

"Nossas preces não são uma súplica pela saúde, mas afirmações da cura do elemento não saudável, que o paciente quer combater, declaradas de forma tão positiva e repetitiva que finalmente penetram o subconsciente e tornam-se parte daquela pessoa", disse o Dr. Parker. "Dessa maneira, por meio da prece, os aspectos destrutivos dentro do consciente podem ser atacados e finalmente vencidos, eliminando assim as causas básicas de seus males físicos."

No Wilshire Ebell Theater, onde falo para uma imensa plateia todos os domingos, temos um período chamado de "o silêncio da cura". A primeira coisa que faço é pedir à platéia para relaxar, se soltar e parar as engrenagens da mente. O objetivo é aquietar a pessoa incrédula (a mente consciente) e inserir uma nova ideia, tal como saúde, paz, alegria e abundância, na mente receptiva dos ouvintes. Aqueles que forem impregnados produzirão uma cura ou uma resposta à sua prece. Muitos relatam excelentes resultados todo domingo, como é atestado por cartas de agradecimento.

MILAGRES DA MENTE

Gostaria de ressaltar aqui alguns fatores importantes relativos ao funcionamento do subconsciente. Um homem veio até mim uma vez perguntar por que, quando ele repetia para si "Não tenho dor de cabeça", a dor não ia embora. O subconsciente não aceitará facilmente essa contradição; ele aceita apenas aquilo em que você acredita ou percebe como verdadeiro, ou aceita como possível. Se você aceita mentalmente a possibilidade da execução da sua ideia, o subconsciente irá cooperar. Para incutir algo no subconsciente, você deve conquistar sua cooperação. Se puder convencer o subconsciente de que não tem dor de cabeça, a dor de cabeça desaparecerá.

Sugeri a ele este método: declare "Está passando" várias vezes em tom baixo e tranquilo. Dessa forma ele teria melhores condições de passar a ideia ou conclusão para o eu profundo e sábio denominado subconsciente. Ele obteve resultado e acrescentou algo: "Ela nunca mais retornará."

Por vários anos ele não teve quaisquer crises de enxaqueca, das quais sofria com frequência. Antes, tinha uma crença ou uma expectativa de que toda terça-feira e todo sábado pela manhã ele teria novas crises. Esse sentimento agia como uma autossugestão para o seu subconsciente, que o atendia providenciando para que ele tivesse uma dor de cabeça no momento especificado. Ele simplesmente dizia: "É terça-feira de manhã; o chefe quer uma dor de cabeça." A sugestão negativa foi removida com a contra-sugestão mencionada anteriormente.

Eis outro exemplo: uma mulher muito inteligente veio me procurar declarando que tinha psoríase, que desaparecia com a aplicação de pomada, mas que, tão logo o seu uso era interrompido, ela retornava. Ela não se ressentia de ninguém; era muito religiosa e parecia ser bem equilibrada em termos emocionais. Porém, enquanto conversávamos, descobri que ela vivia com um medo constante que a doença retornasse. Na verdade, essa era uma forte sugestão do seu subconsciente, e como ele é controlado pela sugestão e pela crença, respondia de acordo.

Ela afirmava duas ou três vezes por dia: "Estou curada, pura e perfeita; minha pele está perfeita; estou curada." Nada acontecia. Você pode facilmente ver o que aconteceu no seu caso. Toda vez que ela dizia "Minha pele está perfeita", começava uma discussão na sua mente; algo dentro dela dizia: "Não, sua pele não está perfeita!"

A técnica a seguir funcionou maravilhosamente. Ela começou a dizer por cinco ou dez minutos, três ou quatro vezes ao dia: "Está mudando agora para melhor." Isso não criou discussão na sua mente consciente nem na mente subconsciente; os resultados vieram, a psoríase desapareceu aos poucos e nunca mais retornou. Tenho certeza de que ela parou de sugerir o seu retorno. (O que eu mais temo me acomete.)

Confie no subconsciente para curá-lo. Ele fez o seu corpo e conhece todos os seus processos e funções. Sabe muito mais que sua mente consciente sobre como curá-lo e devolvê-lo ao perfeito equilíbrio. A mente subconsciente, às vezes chamada de eu profundo, sabe muito mais sobre o seu corpo do que todos os sábios do mundo. Nunca tente coagir ou forçar a mente. Não queremos dizer que algumas pessoas que dizem "Estou curada, pura e perfeita" não alcançam resultados; claro que alcançam, porque elas conseguem se convencer disso. A crença e a fé cegas trarão resultados devido à fé subjetiva do indivíduo.

O SUBCONSCIENTE E A SAÚDE

Tenho um amigo psicólogo que me disse que havia uma infecção em um de seus pulmões. A radiografia e a análise demonstraram a presença de tuberculose. À noite, antes de ir dormir, ele afirmava baixinho: "Todas as células, nervos, tecidos e músculos dos meus pulmões estão ficando agora curados, puros e perfeitos. Meu corpo inteiro está agora sendo devolvido à saúde e à harmonia." Essas não são suas palavras exatas, mas representam a essência do que ele dizia. Uma cura completa se deu dentro de mais ou menos um mês; os raios X subsequentes mostraram uma cura total.

Eu quis conhecer o método dele, então perguntei por que ele repetia as palavras antes de dormir. Aqui está sua resposta: "A ação cinética da mente subconsciente continua durante todo o seu período de sono; portanto, dê ao seu subconsciente algo bom para se ocupar enquanto você dorme." Foi uma resposta muito sábia. Ao sugerir harmonia e saúde, ele nunca mencionou seu problema pelo nome.

Sugiro veementemente que você pare de falar de suas doenças ou lhes dê um nome. A única seiva da qual elas ganham vida é da sua atenção e do medo. Como o psicólogo mencionado, você pode se tornar um bom cirurgião mental; então seus problemas serão eliminados como galhos mortos são podados de uma árvore.

Se você está constantemente dando nome às suas dores e aos seus sintomas, pela lei da sua própria mente essas ilusões costumam tomar forma "como a coisa que eu tanto temia".

Uma técnica para incutir algo no subconsciente é a seguinte: induzir a mente subconsciente a assumir o comando do seu pedido, como lhe foi passado pela mente consciente. Essa "passagem" é mais bem realizada no estado onírico. Saiba que em sua mente mais profunda existem inteligência e poder infinitos. Basta pensar calmamente no que você deseja; veja isso entrar em fruição mais plena de agora em diante. Seja como a garotinha que tinha uma tosse muito forte e dor de garganta. Ela declarou de modo firme e várias vezes: "Está passando agora; está passando agora." Passou em cerca de uma hora. Use essa técnica com completa simplicidade e ingenuidade.

Ao utilizar o subconsciente, não se supõe um adversário; não se utiliza sua força de vontade. Você usa a imaginação. Você imagina o fim e o

O SUBCONSCIENTE E A SAÚDE

estado de liberdade. Você verá seu intelecto tentando atrapalhar, mas persista em manter uma fé simples como a de uma criança, que faça milagres. Imagine-se sem a doença ou o problema. Imagine os componentes emocionais do estado de liberdade que almeja. Elimine toda a burocracia do processo. A maneira simples é sempre a melhor.

Lembre-se de que seu corpo possui um mecanismo orgânico que reflete a ação recíproca da sua mente consciente e da mente subconsciente em comparação com o sistema nervoso voluntário (sistema nervoso cérebro-espinhal) e o involuntário. Esses dois sistemas podem trabalhar de modo separado ou sincrônico. O nervo vago conecta os dois sistemas do corpo. Quando se estudam o sistema celular e a estrutura de órgãos tais como olhos, orelhas, coração, fígado, bexiga e assim por diante, descobre-se que eles consistem em grupos de células que possuem uma inteligência grupal por meio da qual funcionam conjuntamente e são capazes de receber e executar ordens de modo dedutivo diante da sugestão da mente principal (a mente consciente). É por isso que a inteligência grupal dos pulmões respondeu às sugestões po-

MILAGRES DA MENTE

sitivas e construtivas dos psicólogos previamente mencionados neste capítulo.

Neste livro, nosso propósito é eliminar o mistério do funcionamento da mente a fim de conhecer melhor o seu *modus operandi*. No estado relaxado, a mente subjetiva vem à tona e começa a trabalhar nos modelos corretos sugeridos por aquele que busca a cura. A ação cinética da mente então entra no jogo por meio do nervo vago. Entre o sono e o despertar, a mente se liberta de sua servidão material e das limitações de tempo e espaço e declara sua liberdade inata.

O Dr. Evans, um aluno de Quimby[1], conseguiu suspender a mente consciente e, por meio de uma iluminação interior sem perda da consciência do ambiente externo, diagnosticar a doença.

A clarividência é um dos poderes do subconsciente que possibilitou a Quimby, ao Dr. Evans e a muitos outros ver claramente a estrutura interna do homem, a natureza e a extensão da doença, além da causa por trás dela; isso se revelou uma grande

---

1 Phineas Parkhurst Quimby foi o pioneiro das ideias teológicas que deram origem ao movimento do Novo Pensamento, tendo desenvolvido algumas ideias sobre a habilidade das pessoas de curar suas enfermidades por meio da força da mente. [*N. do T.*]

O SUBCONSCIENTE E A SAÚDE

ajuda na cura de seus pacientes. A explicação da causa mental e emocional das suas doenças foi a solução na maioria dos casos.

O procedimento de costume é o seguinte:

1. Examine o problema.
2. Busque uma saída conhecida apenas pelo subconsciente.
3. Imbua-se da profunda convicção de que o problema está resolvido.

Não enfraqueça o seu tratamento dizendo "Espero que sim!" ou "Será melhor!". A organização celular do seu corpo seguirá fiel e honestamente qualquer projeto que a mente lhe passar pelo subconsciente, às vezes chamado de mente subjetiva ou involuntária. O seu sentimento quanto ao trabalho a ser feito está no comando. Saiba que a saúde é sua! A harmonia é sua. Torne-se um inteligente veículo para o poder de cura infinito do subconsciente. As razões do fracasso são falta de confiança e esforço demasiado. Faça sugestões ao subconsciente até o ponto da convicção e então relaxe. Solte as mãos. Diga às condições e circunstâncias: "Isso também

MILAGRES DA MENTE

passará." Por meio do descanso, você impressiona o subconsciente, possibilitando que a energia cinética por trás da ideia assuma o controle e a leve à realização concreta.

Um estudo cuidadoso do organismo unicelular nos mostra o que acontece em nosso corpo complexo. Embora o organismo unicelular não tenha órgãos, ele ainda dá provas da mente — ação e reação desempenhando as funções básicas de movimento, alimentação, assimilação e eliminação.

As descobertas do Dr. Alexis Carrell em experiências cardíacas com pintos são significativas e apontam para a descoberta básica de que a vida funciona apesar da falta de equipamento orgânico completo.

O corpo do homem retrata o funcionamento da sua mente interior. Nossos verdadeiros poderes residem no subconsciente. Ninguém conhece todo o funcionamento do subconsciente, visto que sua esfera de ação é infinita. Aprendemos o que podemos sobre como trabalha e então o usamos de modo apropriado. As pessoas dizem que existe uma inteligência que cuidará do corpo se o permitirmos. Isso é verdade, mas a dificuldade reside no fato

O SUBCONSCIENTE E A SAÚDE

de que a mente consciente sempre interfere com sua percepção das aparências exteriores a partir dos cinco sentidos, levando ao domínio de falsas crenças, temores e mera opinião. Quando medo, falsas crenças e modelos negativos são registrados no subconsciente por meio do condicionamento psicológico e emocional, não há outro caminho aberto para o subconsciente a não ser agir sobre a especificação do projeto oferecido a ele.

O eu subjetivo dentro de você trabalha continuamente para o bem geral, refletindo um princípio inato de harmonia por trás de todas as coisas. Examine as obras de Edison, Carver, Einstein e muitos outros que, sem muita instrução, sabiam como recorrer ao subconsciente em busca de seus diversos tesouros. Tenha uma razão para a fé dentro de você. Você não consegue chegar muito longe quando não acredita no que vê. Eu não vejo amor, mas o sinto; não vejo a beleza, mas a sua manifestação. A fé subjetiva é frequentemente maior no corpo franzino de um poeta do que na estrutura mais forte de um lutador ganhador de prêmios. Nossa maior fraqueza é a falta de confiança nos poderes do subconsciente. Familiarize-se com seus poderes interiores.

MILAGRES DA MENTE

De que adianta saber que você é perfeito em princípio, se não pode expressar isso? A percepção de si, juntamente com o sentimento, é a única chave para a cura. Alcançar resultados não é prova de que seu método seja científico ou seguro.

Conheci um homem a quem disseram para agitar um pé de coelho em volta da cabeça sete vezes para que uma grande verruga caísse. Ele acreditou, e o resultado veio em seguida. O pé de coelho não tinha nada a ver com isso; a cura deveu-se a uma lei da mente. A aceitação mental e a crença foram as causas, e o desaparecimento da verruga foi o efeito. Se você estiver tenso e ansioso, o subconsciente não prestará atenção em você numa situação difícil.

O proprietário de uma casa reclamou com um bombeiro por cobrar 200 dólares pelo conserto do boiler. O bombeiro disse: "Eu cobrei cinco centavos pelo parafuso que faltava e 199,95 dólares por saber qual era o problema."

Da mesma forma é o subconsciente: o bombeiro-mestre, o grande sábio que conhece os modos e os meios de curar qualquer órgão do seu corpo, bem como os seus problemas. Decrete saúde e o subconsciente a estabelecerá, mas o relaxamento é a chave. "Vá com calma." Não se preocupe com os detalhes e os meios, mas conheça o resultado final. Tenha a *sensação* da solução fácil para o seu problema, seja ele de saúde, financeiro ou de emprego. Lembre-se de como se sentiu depois de se recuperar de uma doença grave. Tenha em mente que o sentimento é a pedra de toque de todas as demonstrações subconscientes. Sua nova ideia deve ser sentida de modo subjetivo num estado acabado — não no futuro, mas acontecendo *agora*.

Um dos alunos que assistiram às nossas conferências sobre "Os milagres da mente" tinha um sério problema ocular que o médico dizia necessitar de operação. Ensinaram-no a utilizar a técnica da Escola[2]: pegue uma pequena frase ou afirmação, facilmente assimilável na memória, e repita-a várias vezes como uma canção de ninar.

Toda noite, quando ia dormir, esse homem entrava num estado meditativo semelhante ao sono. A sua atenção ficava imobilizada e se concentrava em seu oftalmologista. Ele imaginava que o médico estava diante dele e lhe dizia: "Aconteceu um milagre!"

---

2 Escola de psicoterapia baseada na sugestão fundada em 1866 por Ambroise-Auguste Liébault, seguidor da teoria de Abade Faria, na cidade de Nancy. [*N. do T.*]

MILAGRES DA MENTE

Ele fazia isso todas as noites por uns cinco minutos antes de adormecer. Ao final de três semanas, ele foi ao oftalmologista que tinha examinado seus olhos anteriormente, e o médico disse: "Isso é um milagre!"

O que aconteceu? Ele impregnou seu subconsciente, usando seu médico como instrumento ou como meio de convencer ou transmitir a ideia. Por meio da repetição, da fé e da expectativa, ele impregnou o subconsciente. O subconsciente fez os olhos; dentro dele estava o modelo perfeito e imediatamente ele curou os olhos. Esse é outro exemplo dos *milagres da mente*.

CAPÍTULO 3
O subconsciente e o alcoolismo

O alcoólatra é mentalmente doente e precisa de tratamento. O bebedor problemático, o compulsivo ou o ébrio não bebe normalmente como seus amigos. O bebedor problemático é o alcoólatra crônico; ele bebe por vários dias, semanas e até meses seguidos. O alcoólatra diz que uma paixão por beber se apodera periodicamente dele. É vítima do hábito, visto que os atos que levam à embriaguez foram repetidos com tanta frequência que ele estabeleceu um modelo subjetivo no subconsciente.

Como o alcoólatra já cedeu ao seu desejo, ele teme que cederá novamente. Isso contribui para sua recaída, devido às sugestões dadas ao seu subconsciente. É a imaginação que faz o alcoólatra retornar à bebida de forma intermitente. As imagens que foram incutidas no seu subconsciente começam a dar frutos. Ele imagina uma rodada de bebidas na qual os copos são servidos e esvaziados, depois pensa na sensação de bem-estar e prazer que vem em seguida, um sentimento de relaxamento. Se permitir que sua imaginação corra livremente, ele irá até o bar ou comprará uma garrafa.

O bebedor utiliza o esforço e a força de vontade para superar o hábito, ou a maldição, como ele diz. Quanto maior o esforço ou a força de vontade, mais ele é desesperadamente tragado pela areia movediça.

O esforço significa invariavelmente uma derrota para ele mesmo, culminando sempre no oposto do que é desejado. A razão para isso é óbvia: a sugestão de impotência para superar o hábito domina a sua mente; o subconsciente é sempre convencido pela ideia dominante. Ele sempre aceitará a mais forte das duas proposições contraditórias. O caminho sem esforço é o melhor; esse método será discutido em detalhes neste capítulo.

O primeiro drinque é o pontapé inicial para o bebedor. A expressão popular é "um drinque e ele

O SUBCONSCIENTE E O ALCOOLISMO

parte para a corrida". Muito provavelmente ele continua a beber até atingir um estado inconsciente. O procedimento padrão com o alcoólatra é fazê-lo repetir todos os tipos de promessas, como "Nunca mais!" Tais declarações não significam nada. Ele é tomado por culpa, uma terrível sensação de remorso e vergonha; além do mais, ele se transformou numa ruína física. Temporariamente, pelo menos, ele é forçado a abster-se do álcool.

O alcoólatra realmente sofre em termos físicos e mentais. O tremor das mãos e a contração dos músculos revelam a sua mente perturbada; ele pode não dormir à noite. Geralmente perde todos os seus amigos, e os membros de sua própria família o abandonam. Essa pessoa perde o prestígio, o respeito e a posição. Frequentemente o alcoólatra se torna um mentiroso crônico e muitas vezes passa a pedir esmolas.

As perguntas surgem em sua mente: "Qual é a causa?", "Por que ele é assim?" ou "O que faz um cidadão distinto recorrer à bebida e descer verdadeiramente ao nível de um animal selvagem?"

As razões que o alcoólatra costuma dar para a sua condição são muitas e variadas. Eis algumas das mais populares: complexo de inferioridade, sentimento de não ser amado, sensação de medo, insegurança, inadequação ao trabalho ou à profissão, temores desconhecidos, medo da vida, recusa em aceitar responsabilidades e diversas outras desculpas.

Você encontrará um grande número de supostas causas que adquiriu ao longo dos anos. Reflita sobre isso: se você for alcoólatra, quantos meses e quanto dinheiro gastou *tornando-se* um? Talvez tenha levado um ano, uma vasta soma de dinheiro e um grande esforço de sua parte para se tornar um alcoólatra convicto. Quando encontrar o que acha que é a causa e lhe der um nome pomposo, como complexo de rejeição, o que você fará a respeito?

Saber a causa do seu problema com a bebida não o tornará sóbrio. No entanto, *existe* um caminho para a sobriedade, a paz de espírito, a vida normal. O que vou dizer pode ir contra suas teorias tão queridas. A causa do seu problema com a bebida é você! É sua atitude mental em relação à vida.

Seus pensamentos, seus sentimentos, suas crenças, juntamente com o que você consente na vida, determinam o seu mundo. Por seu mundo, refiro-me a seu corpo, seus relacionamentos, sua reação perante a vida, sua saúde, suas finanças e todos os aspectos da sua existência. O seu modo de pensar habitual compreende a sua atitude mental. Seus pensamentos se consolidam, se condensam e causam sua reação mental perante a vida, as pessoas e as coisas. Os pensamentos que você normalmente tem geram emoções. O seu modo de pensar habitual lhe traz tristeza ou felicidade, saúde ou dor, realização ou uma profunda frustração, uma mente equilibrada ou tensão e ansiedade. Seus pensamentos o tornam um beberrão ou fazem a sobriedade reinar de forma suprema em sua mente.

É minha missão e meu objetivo familiarizá-lo neste livro com o funcionamento do subconsciente, que é a fonte de sabedoria e poder. É o mais poderoso dínamo psicológico que você pode ter. O subconsciente expressa o que é incutido nele por meio do pensamento. Como você *pensa* e *sente,* assim é você em todos os aspectos da sua vida. Os pensamentos que você deposita no subconsciente são as causas do seu problema com a bebida. Portanto, você não terá de procurar mais pela causa.

A partir de agora, pare de culpar os outros, dizendo que eles são a causa. Conheço os costumeiros álibis: "Ah, não consigo me dar bem com o meu marido ou com a minha esposa"; "Nunca tive uma chance, não fui desejado pelos meus pais"; "Eu sou órfão"; "Tenho complexo de inferioridade"; "Perdi todo o meu dinheiro"; ou "Toda a minha família morreu quando eu era jovem".

Enfatizarei esse ponto novamente: a causa do seu problema com a bebida é você mesmo, devido aos seus pensamentos e crenças sobre a vida, as pessoas e o mundo em geral.

Todos os seus pensamentos por um período de tempo foram absorvidos no seu subconsciente, depois reproduzidos e expressos segundo a imagem e semelhança da mente consciente que os originou.

Familiarize-se agora com aquele reservatório infinito de força e poder de cura existente dentro de você, que é o subconsciente. Se você for alcoólatra, admita; não fuja do assunto. Muitas pessoas continuam sendo alcoólatras porque se recusam a admitir.

Sua doença é uma instabilidade, um medo interior. Você está se recusando a encarar a vida, então tenta fugir às suas responsabilidades usando

O SUBCONSCIENTE E O ALCOOLISMO

a bebida. O ponto interessante sobre um alcoólatra é que ele não tem livre-arbítrio; ele pensa que tem — gaba-se de sua força de vontade. O ébrio diz bravamente "Não vou tocar mais em bebida", mas não tem o poder de sustentar o que diz porque não sabe como fazê-lo.

O alcoólatra está vivendo num cárcere psicológico que ele próprio construiu; está preso em suas próprias crenças, opiniões, educação e influências ambientais. Ele é como a maioria das pessoas: é um ser produzido pelo hábito. Está condicionado a reagir como reage.

O alcoólatra deve construir a ideia de liberdade e paz na sua mente para que ela chegue até o subconsciente. Sendo este todo-poderoso, ele o livrará de qualquer desejo pelo álcool; então o alcoólatra que tem a nova compreensão de como sua mente funciona pode verdadeiramente sustentar o que diz e prová-lo para si mesmo.

O seu subconsciente é condicionado por suas crenças e seus hábitos. Se o alcoólatra tem um desejo intenso de se livrar do vício, ele já está 51 por cento curado. Quando tiver mais desejo de abandonar o vício do que de dar-lhe continuidade, ele não terá muita dificuldade para alcançar a liberdade completa.

O alcoólatra deve recondicionar sua mente. Existem meios de fazer isso. Quando você pensa no bem, o bem vem em seguida; quando pensa no mal, o mal vem em seguida. Esses são exemplos simples das leis da mente. Se alguém vive e remói a tristeza, encontra tristeza e desânimo em sua vida. Se vive a paz e a sorte em seus negócios, estes prosperarão. Conhecer as possibilidades dessas leis da mente é ser tomado de uma nova inspiração e de uma nova fé.

O alcoólatra aprende que qualquer pensamento que ancore em sua mente cresce. Se o alcoólatra envolve sua mente no conceito de liberdade (liberdade do vício) e paz de espírito e se mantém concentrado nessa nova direção de sua atenção, ele gera sentimentos e emoções que pouco a pouco transmitem o conceito de liberdade e paz. Qualquer ideia transmitida em forma de emoção é aceita pelo subconsciente e realizada.

O alcoólatra deve perceber que algo pode advir de seu sofrimento; ele não sofreu em vão. No entanto, o que há de bom em continuar a sofrer?

O SUBCONSCIENTE E O ALCOOLISMO

Continuar sendo alcoólatra significa apenas causar deterioração e decadência física e mental. Comece a dizer "Não!" ao impulso agora. Perceba que o poder no seu subconsciente o está apoiando. Embora você possa ser tomado por melancolia e sofrer tremores, comece a imaginar a alegria e a liberdade que o aguardam; essa é a lei da substituição. A sua imaginação o levou à garrafa; deixe que ela o leve agora à liberdade e à paz de espírito. Você sofrerá um pouquinho, mas é por um propósito construtivo; você suportará como uma mãe sofre as dores do parto e, da mesma forma, gerará um filho da mente. O seu subconsciente dará à luz a sobriedade.

O seu modo de pensar o controla, quer você saiba ou não. Você não está completamente ciente do fato de que o seu subconsciente aceita sem questionar os pensamentos que você incute nele. Você pode começar a controlar sua vida. *Disciplinar sua vida* significa pensar de modo construtivo e harmonioso.

Sua doença chamada alcoolismo é mental; deve-se à confusão mental e ao pensamento caótico. Por meio da repetição e da confiança no poder do

MILAGRES DA MENTE

álcool, você constrói um modelo no subconsciente, provocando uma tendência subconsciente em relação à bebedeira descontrolada. Depois do primeiro drinque, o que ocorre não é um desejo ou impulso físico; é puramente um impulso mental devido ao fato de você ter instalado no seu subconsciente a imagem de um barman que diz: "Tome outro! Tome outro!" Isso, é claro, deve-se ao longo hábito e à sugestão, e "Tome outro" fica profundamente gravado no seu subconsciente. Isso não é uma condição que o força a beber, mas o força a continuar a beber *depois* de tomar o *primeiro* drinque. Ao tomar o primeiro drinque, o alcoólatra emite um sinal *verde* para o subconsciente, que por um antigo hábito instala um barman subconsciente que governa suas ações.

O alcoólatra não atingiu os seus desejos na vida e está sempre frustrado. Ele não sabe que existe um poder que possibilitaria que alcançasse seu objetivo e levasse uma vida plena e feliz. Por muito tempo ele sofreu acreditando em sua inabilidade de se esforçar como desejava. O resultado da sua frustração é a bebedeira anormal; todas as sementes (os pensamentos) geram frutos da mesma espécie.

O SUBCONSCIENTE E O ALCOOLISMO

O subconsciente que agora está fazendo com que você beba também pode curá-lo e libertá-lo.

Eis uma técnica definitiva que você pode utilizar para se libertar; é uma lei psicológica que, se aplicada, lhe dará paz de espírito:

- O *primeiro passo*: Sente-se numa poltrona ou deite-se num sofá e sugira para si o estado de relaxamento por alguns minutos. Entre num estado de sonolência agora. Nesse estado relaxado, tranquilo e receptivo, você sabe que está prestes a usar uma fórmula sugestiva que entra no seu subconsciente e o liberta.
- O *segundo passo*: Nesse estado sonolento, diga ao subconsciente: "Estou livre desse vício. Tenho paz de espírito." Entre no sentimento e na alegria de ser livre. Faça isso por cinco minutos ou mais.
- O *terceiro passo*: Imagine que um ente amado está diante de você agora; seus olhos estão fechados. Talvez seja um médico, a esposa ou o marido. Ouça esse ente amado lhe dizer: "Parabéns!" A palavra *parabéns* indica para você sobriedade e paz de espírito completas;

em outras palavras, uma liberdade completa do vício. Ouça a palavra várias vezes até
sentir uma reação agradável. Sinta a reação
que satisfaz.

Mesmo que adormeça ao fazer isso, fique certo de
que o seu esforço não terá sido desperdiçado. Eu
sugeriria que fizesse isso duas ou três vezes por
dia. À noite, pode ir dormir repetindo para si a
palavra *parabéns,* que indica a sua cura completa.
Esse pensamento entrará no seu subconsciente à
medida que continuar a praticá-lo, e então todo o
desejo desaparecerá.

A técnica acima não é fantasia nem devaneio;
só se torna devaneio se você não acreditar que sua
imagem mental é realidade. Depois de fazer essas
sugestões ao seu subconsciente, se a dúvida, o
medo ou a melancolia baterem à sua porta, basta
lembrar-se da disciplina mental realizada algumas
horas antes ou daquela manhã quando plantou
uma semente no seu subconsciente, que está agora em gestação na escuridão da sua mente mais
profunda e que produzirá frutos. Você sabe que
operou uma lei psicológica e que a semente real-

O SUBCONSCIENTE E O ALCOOLISMO

mente se transformará naquilo que você concebeu mentalmente. Esteja seguro para não atrapalhar a germinação com pensamentos negativos de medo e desespero. Veja esse filme interno várias vezes ao dia. Não exponha essa película sensível do seu subconsciente às nuvens do seu pensamento negativo. Quando a dúvida, o medo, a preocupação e a depressão o agarrarem, lembre-se tranquilamente de que você tirou uma foto que está sendo revelada no seu subconsciente.

Todos os obstáculos e as tentações que cruzarem o seu caminho serão superados mantendo sua mente fixa no objetivo. Com fé e perseverança na lei mental, você vivenciará a alegria da liberdade recém-descoberta, a excitação da sobriedade e da paz de espírito.

Um dos piores casos de alcoolismo que já testemunhei nos últimos 35 anos foi curado por essa atitude simples. Pedi ao indivíduo que repetisse a palavra *liberdade* toda noite quando fosse dormir. Na primeira noite, ele a repetiu para si antes de dormir por cerca de meia hora. Ele acordou completamente curado e está agora ensinando aos outros as leis da mente.

Acredite no seu filme mental; você terá resultados!

CAPÍTULO 4
O subconsciente e a riqueza

O problema com a maioria das pessoas é que elas não têm meios invisíveis de apoio quando os negócios quebram ou o mercado de ações entra em baixa e, então, perdem seus investimentos; elas parecem impotentes. A razão para tal insegurança é que não sabem como recorrer ao subconsciente. Não estão familiarizadas com o depósito inesgotável dentro delas.

Um homem com uma mente pobre vê-se em condições de pobreza. Outro homem com uma mente cheia de ideias de riqueza é cercado de tudo aquilo que necessita. Nunca se pretendeu que as pessoas levassem uma vida de indigência. Você pode ser rico, ter tudo de que precisa e mais um pouco. Suas palavras têm o poder de limpar sua mente das ideias erradas e instilar ideias corretas em seu lugar.

Conversei com muitas pessoas durante os últimos 35 anos; a reclamação mais frequente é: "Disse por meses que sou rico e próspero, e nada aconteceu." Descobri que quando elas diziam "Sou próspero; sou rico", elas sentiam por dentro que estavam mentindo para si mesmas.

Um homem me disse: "Eu afirmei até ficar cansado que sou próspero. As coisas agora estão piores. Sabia quando fiz a declaração que obviamente não era verdade." As declarações dele e dos outros foram rejeitadas pela mente consciente e aconteceu exatamente o oposto do que eles afirmaram e sustentaram.

A auto-sugestão tem maior êxito quando é específica e não produz um conflito ou uma discussão mental; portanto, as declarações feitas por esse homem pioraram as coisas porque elas sugeriam privações. O subconsciente aceita apenas convicções e crenças, não apenas palavras ou declarações. A ideia ou crença dominante é sempre aceita pelo subconsciente.

A seguir temos uma maneira de superar esse conflito para aqueles que têm tal dificuldade. Faça esta declaração prática com frequência, especial-

O SUBCONSCIENTE E A RIQUEZA

mente antes de dormir: "De dia e de noite, prospero em todos os meus interesses." Isso não acarretará nenhuma discussão, porque não contradiz a impressão de carência financeira do subconsciente.

Sugeri a um homem de negócios cujas vendas estavam muito baixas (e ele estava extremamente preocupado) que se sentasse no escritório, ficasse quieto e repetisse esta afirmação várias vezes: "Minhas vendas estão melhorando. Estou avançando, progredindo e ficando mais rico a cada dia." Essa declaração obteve a cooperação do consciente e do subconsciente; os resultados vieram em seguida.

O que foi citado acima é uma maneira simples e única de impregnar o subconsciente com a ideia de riqueza. Talvez você esteja dizendo enquanto lê este capítulo: "Preciso de riqueza e sucesso." Isso é o que se faz: repita por cerca de cinco minutos para si mesmo três ou quatro vezes ao dia "riqueza e sucesso". Essas palavras têm um enorme poder. Elas representam a força interior do subconsciente. Ancore a mente nesse poder substancial em seu interior; então as condições e as circunstâncias correspondentes à sua natureza e qualidade se manifestarão na sua vida. Você não está dizendo "Sou um sucesso" ou "Sou rico". Você está utilizando poderes verdadeiros dentro de si. Não há conflito na mente quando se diz "riqueza" ou "sucesso"; além do mais, a sensação de riqueza e sucesso será intensa dentro de você à medida que se apegar a essas ideias.

O sentimento de riqueza produz riqueza; o sentimento de ser bem-sucedido produz sucesso. Lembre-se disso o tempo todo. O subconsciente é como um banco — uma espécie de banco universal; ele aumenta o que quer que você deposite ou incuta nele, seja bom ou ruim.

Você assina cheques em branco quando faz declarações como: "Não existe o suficiente para todos", "Existe escassez" ou "Perderei a hipoteca" e assim por diante. Se você está cheio de medo quanto ao futuro, também está assinando um cheque em branco e atraindo condições negativas para você. O subconsciente interpreta seu medo e sua crença como pedidos, procedendo à sua maneira para colocar obstáculos, atrasos, escassez e limitação na sua vida. Para quem tem o sentimento de riqueza, mais riqueza será dada; para quem tem o sentimento de escassez, mais escassez será dada.

O subconsciente lhe dá juros compostos também. Toda manhã, quando você acordar, deposite pensamentos de prosperidade, sucesso, riqueza e paz; utilize esses conceitos; ocupe sua mente com eles com a maior frequência possível. Esses pensamentos positivos encontrarão seu caminho como depósitos no seu subconsciente e produzirão abundância e prosperidade.

Posso ouvi-lo dizer: "Ah, eu fiz isso e nada aconteceu." Você não alcançou os resultados porque se entregou a pensamentos de medo talvez dez minutos depois e neutralizou o bem que tinha afirmado. Quando plantamos uma semente no solo, não a desenterramos.

Suponha, por exemplo, que você vai dizer: "Eu não conseguirei fazer aquele pagamento!" Antes de ir além de "Eu não...", interrompa a frase e utilize uma declaração positiva e construtiva tal como "De dia e de noite estou prosperando em todos os sentidos".

Prosperar significa avançar em todas as frentes em termos de sabedoria, compreensão e posses materiais. Dinheiro representa riqueza; é um símbolo de troca; representa liberdade, opulência, luxo e

MILAGRES DA MENTE

requinte. Não conheço ninguém que diga que tem demais; muito provavelmente, o que se costuma fazer é procurar por mais.

A maioria das pessoas tem a impressão de que o valor do seu dinheiro depende do ouro na África do Sul ou dos cofres do Tesouro nacional; outras vivem com medo de a moeda ser desvalorizada e elas perderem. Quando o sangue está circulando perfeita e harmoniosamente no seu corpo, o médico diz que você está saudável; da mesma forma, quando o dinheiro está circulando livremente na sua vida, satisfazendo todas as suas necessidades — e sempre havendo um excedente —, você está próspero.

Por exemplo, se você está ouvindo o rádio e escuta que houve um desastre financeiro na Bolsa, ocasionando um sentimento de preocupação ou pavor, você está condicionado ou afetado por algumas estatísticas ou por uma notícia. Sua segurança financeira e sua riqueza dependem do seu sentimento subjetivo ou interno de prosperidade.

Quando busca transmitir a ideia de riqueza e sucesso ao subconsciente, preste atenção para não fazer declarações tolas como "Eu desprezo

O SUBCONSCIENTE E A RIQUEZA

o dinheiro", "É algo ruim" ou "É a raiz de todos os males". Tal atitude mental fará com que o dinheiro crie asas e voe para longe de você. Você então estaria dando duas ordens conflitantes ao subconsciente: uma neutralizaria a outra e nada aconteceria.

O dinheiro assumiu diferentes formas ao longo dos tempos. O que você realmente deseja é ter uma convicção consciente de que o dinheiro estará sempre em constante circulação na sua vida, satisfazendo todas as suas necessidades em todos os momentos do tempo e em cada ponto do espaço.

O dinheiro é essencial para a sua saúde econômica neste país; portanto, você deveria ter tudo de que precisa e um excedente. Comece agora a acreditar e a dizer que o dinheiro é maravilhoso. Comece a amar o dinheiro e a ser amigo dele; você sempre terá o bastante; nunca precisará.

O amor é uma ligação emocional. A menos que ame seu trabalho ou sua profissão, você não pode ser um verdadeiro sucesso. O amor sempre aumenta e multiplica. Então ame a ideia de riqueza até que ela se corporifique subjetivamente. Anote isso em letras grandes em sua mente: *O que você ama, aumenta. O que você critica, desaparece da sua vida.*

Você está familiarizado com este fato fundamental: quando o dinheiro circula livremente num país, sua condição financeira é saudável. Deixe existir uma circulação saudável do dinheiro na sua vida também, principalmente na sua atitude mental. Acredite que o dinheiro é bom; pense em todo o bem que pode fazer com ele. Torne-se uma entrada e uma saída mental para um fluxo constante de riqueza que flui para e de você em perfeita circulação.

Se você está tendo dificuldades financeiras, tentando viver dentro do orçamento, significa que não convenceu o subconsciente de que sempre terá o suficiente e um pouco mais de sobra. Você conhece homens e mulheres que trabalham algumas horas por semana e ganham somas fabulosas de dinheiro. Eles não se esforçam muito nem trabalham como escravos. Não acredite na história de que a única maneira de tornar-se rico e bem-sucedido é com suor e trabalho árduo. Não é assim; o modo de vida sem esforço é o melhor. Faça o que ama fazer e faça por alegria e emoção. Cante no trabalho. Você cantará se amar o que faz. Além disso, se amar o seu trabalho, você está destinado a ser um sucesso.

Um executivo que conheço recebe um salário muito alto. No ano passado, ele embarcou em um cruzeiro de dez meses, vendo o mundo e suas belas paisagens. Ele convenceu seu subconsciente de que merecia todo aquele dinheiro. Disse-me que muitas pessoas da sua organização que recebem menos de cem dólares por semana conheciam o trabalho melhor do que ele e podiam gerenciá-lo perfeitamente, mas eles não tinham ambição nem ideias.

O dinheiro é simplesmente uma convicção subconsciente por parte do indivíduo. Você não se tornará um milionário dizendo: "Sou milionário. Sou milionário." Você entrará numa consciência de riqueza construindo na sua mentalidade as ideias de riqueza e sucesso. Um de nossos alunos era um vendedor que ganhava 75 dólares por semana e agora é gerente de vendas com um alto salário anual. Tudo aconteceu no período de um mês.

Toda manhã, enquanto se barbeava, ele olhava no espelho e dizia para si: "Você é rico; você é um grande sucesso." Foi assim por várias semanas. Em cerca de oito semanas, ele foi repentinamente

MILAGRES DA MENTE

promovido para chefiar outros 80 vendedores. Enquanto se barbeia, você está relaxado. Como foi exposto anteriormente, é possível transmitir uma ideia ao subconsciente repetindo-a várias vezes com fé e alegre expectativa.

Eis uma pergunta feita com frequência em nossas palestras para 1.200 a 1.300 pessoas realizadas no Wilshire Ebell Theater: "Se eu precisar de uma certa quantia, digamos mil dólares, deveria me concentrar nela?" Você pode fazer isso e funcionar. No entanto, o melhor procedimento geral é não pensar em dinheiro em termos de qualquer soma em especial ou determinada. Pense nele em termos de abundância para sustentá-lo com tranquilidade e perfeita liberdade de ação. A razão para isso é que o que quer que você incuta no seu subconsciente é sempre aumentado e multiplicado, da mesma forma que os grãos de trigo semeados no solo se multiplicam centenas de vezes.

O subconsciente trabalha sob uma lei de abundância. A natureza é pródiga, extravagante e generosa, então aumente sua estimativa sobre você mesmo. Se você barganhar com a vida por um centavo por dia, o universo reagirá de acordo.

O SUBCONSCIENTE E A RIQUEZA

Muitas pessoas têm um grande desejo de ter mais dinheiro, mas elas têm um modelo subconsciente de 75 dólares por semana; portanto, isto é o que elas demonstram, ao passo que podiam demonstrar muito mais.

Aqui está uma técnica simples para você aumentar sua consciência de riqueza; use estas declarações várias vezes por dia: "Gosto de dinheiro; eu o amo; eu o uso de maneira prudente, construtiva e sensata. O dinheiro está constantemente circulando em minha vida. Eu o libero com alegria e ele retorna a mim multiplicado de forma maravilhosa. É bom, muito bom." Isso o ajudará a ter a atitude correta em relação ao dinheiro.

Nunca critique o dinheiro dizendo: "O dinheiro é imundo; é ruim; é contaminado." Você não pode atrair o que critica. Quando começar a refletir sobre as situações, você perceberá que a verdadeira riqueza depende da circulação de ideias maravilhosas na sua mente, que jorram dos níveis subconscientes.

Um jovem detetive que desejava mais dinheiro usava essa técnica. Uma manhã ele acordou com um desejo intenso de escrever um conto baseado

MILAGRES DA MENTE

em uma de suas experiências. Sentou-se e as ideias vieram livremente. Seu conto foi publicado e então ele escreveu muitos outros. Foi pago regiamente por esses textos. A riqueza veio até ele em forma de ideias. A sua mente também pode lhe revelar uma nova invenção, o material para um novo livro ou uma peça. Então utilize seu subconsciente.

Um gerente de vendas que conheci tinha ideias para sua campanha promocional quando acordava de manhã. Ele tornou-se o presidente da companhia; eles nunca tiveram um presidente como ele.

O seu subconsciente nunca está desprovido de ideias; há dentro dele um número infinito de ideias prontas a fluírem para a sua mente consciente, e são várias as maneiras como elas se convertem em dinheiro para sua carteira. Esse processo continuará a ocorrer na sua mente independentemente do fato de o mercado subir ou descer, ou se a moeda perder valor. Sua riqueza nunca depende verdadeiramente de títulos, ações ou dinheiro no banco; estes são todos símbolos (necessários e úteis, é claro). O ponto que desejo enfatizar é que se você convence seu subconsciente de que a riqueza é sua e que bastante dinheiro está sempre circulando na sua vida, você sempre o terá, independentemente da forma que ele assuma.

Se acredita que a riqueza ou o dinheiro depende do seu emprego ou das horas extras de trabalho, você tem um conceito limitado; está preso pelas suas próprias crenças. Este é um mundo de causa e efeito. Se você fica preocupado e ansioso por causa do dinheiro, esse estado de ânimo produzirá uma maior falta de dinheiro. Sua atitude mental é a causa; menos dinheiro é o efeito.

Existe uma emoção que é a causa das dificuldades financeiras na vida de muitas pessoas — a maioria das pessoas aprende isso da maneira mais difícil: a inveja. Por exemplo, se você vê um concorrente depositando grande soma de dinheiro no banco e você tem apenas uma parca quantia, isso o deixa com inveja? O modo de superar essa emoção é dizer para si: "Não é maravilhoso? Eu me regozijo com a prosperidade desse homem. Desejo para ele uma riqueza cada vez maior."

Sabe o que está fazendo? Está na verdade incutindo no subconsciente a ideia de riqueza! Alimentar pensamentos de inveja é devastador porque coloca você numa posição muito negativa;

MILAGRES DA MENTE

portanto, a riqueza flui *de* você em vez de *para* você. Se você fica chateado ou irritado com a prosperidade ou a grande riqueza de outra pessoa, diga imediatamente que deseja de verdade que essa pessoa tenha maior prosperidade de todas as maneiras possíveis. Essa vontade neutralizará os pensamentos negativos na sua mente e fará com que uma quantidade maior de riqueza flua para você pela lei do seu subconsciente.

Talvez você conheça aquelas pessoas que estão sempre tentando viver dentro do orçamento; parece que elas têm um grande embate com o dinheiro. Já as ouviu conversar? Em muitos momentos o assunto segue esse modelo: elas estão constantemente condenando aquelas pessoas que tiveram sucesso na vida e que se destacaram da multidão. Talvez estejam dizendo: "Ah, aquele sujeito tem um negócio sujo; ele é cruel; ele é um velhaco." É por isso que elas carecem das coisas; estão condenando aquilo que desejam. Falam de modo crítico de seus colegas prósperos porque têm inveja e cobiçam a prosperidade do outro. A maneira mais rápida de fazer a riqueza criar asas e voar é criticar e condenar os outros que têm mais dinheiro que você.

O SUBCONSCIENTE E A RIQUEZA

Você diz que nunca teve uma chance? Culpa seus parentes, sua mãe ou seu pai porque eles nunca o auxiliaram financeiramente? Pare de fazer isso imediatamente. Aprenda que o segredo para a riqueza é o uso correto da sua própria mente. Todos os recursos dessa mente infinita estão à sua procura, buscando expressão por seu intermédio, basta apenas adotar uma atitude mental receptiva.

Se você se preocupar e agir de forma crítica em relação a alguém que, na sua opinião, está ganhando dinheiro desonestamente, pare imediatamente com essa atitude. Você sabe que essa pessoa está usando a lei da mente de modo negativo; bem, a lei da mente cuidará dela. Preste atenção para não criticá-la, devido às razões mencionadas acima.

Se está passando por um problema financeiro, o problema encontra-se em sua própria mente. Você pode acabar com esse problema mental agora. Fique mentalmente de bem com todos.

Quando for dormir esta noite, pratique as muitas técnicas referidas até aqui. Repita a palavra *riqueza* baixinho, com tranquilidade e emoção. Faça isso várias vezes como uma cantiga de ninar. Embale-se até dormir com uma única palavra:

MILAGRES DA MENTE

riqueza. Você ficará surpreso com os resultados. A riqueza deverá fluir para você em avalanches de abundância; esse é outro exemplo dos *milagres do subconsciente*.

CAPÍTULO 5
Como utilizar o subconsciente nos problemas conjugais

O melhor momento de impedir um divórcio é antes do casamento. A ignorância dos poderes dentro de você é a causa de todos os seus problemas conjugais. Aprenda como atrair a esposa ou o marido correto. Por exemplo: se você for uma mulher buscando um marido, não comece a enumerar para si mesma todas as razões por que não pode se casar; em vez disso, enumere as razões pelas quais pode ter um casamento feliz. Remova a expressão "não posso" do seu vocabulário. Pode quem acredita que pode!

Você agora está familiarizada com o modo como o subconsciente funciona. Sabe que o que incutir nele será vivenciado no seu mundo. Comece agora a inserir no subconsciente as qualidades e características que admira em um homem.

Esta é uma técnica: sente-se à noite na sua poltrona, feche os olhos, solte-se, relaxe o corpo e fique bem quieta, passiva e receptiva. Converse com seu subconsciente e diga para ele: "Estou agora atraindo um homem honesto, sincero, leal, gentil, fiel e próspero para a minha vida. Ele é tranquilo e feliz. Essas qualidades estão penetrando o meu subconsciente agora. Enquanto penso nessas qualidades, elas se tornam parte de mim. Sei que existe uma irresistível lei da atração e que atraio para mim um homem de acordo com minhas crenças subconscientes. Atraio aquilo que sinto como verdadeiro no meu subconsciente. Em outras palavras, sei que, segundo a lei, atrairei um homem de acordo com os sentimentos, as crenças e as impressões produzidas no meu subconsciente com respeito ao tipo de homem que procuro."

Pratique esse processo de impregnar o subconsciente, e então você terá a alegria de atrair um homem com as qualidades e as características que imaginou. A inteligência subconsciente abrirá um caminho por meio do qual vocês dois se encon-

COMO UTILIZAR O SUBCONSCIENTE NOS PROBLEMAS CONJUGAIS

trarão segundo a lei irresistível e imutável do seu subconsciente. Deseje profundamente dar o que há de melhor em você em termos de amor, devoção e cooperação. Seja receptivo a esse dom do amor que você deu ao seu subconsciente.

O casamento entre um homem e uma mulher deve ser um ato de amor. Honestidade, sinceridade, gentileza e integridade são formas de amor. Cada um deve ser extremamente honesto e sincero com o outro. Não existe um casamento de verdade quando o homem se casa com uma mulher por causa do seu dinheiro, da sua posição social ou para elevar seu ego, visto que então não há sinceridade nem honestidade. O casamento não é de coração. Quando uma mulher diz "Estou cansada de trabalhar; quero me casar porque quero segurança", sua premissa é falsa. Ela não está usando as leis da mente corretamente. Sua segurança depende do seu conhecimento da interação da mente consciente e subconsciente e de sua aplicação.

Por exemplo: uma mulher jamais carecerá de riqueza ou saúde se utilizar a técnica descrita nos capítulos deste livro. A riqueza pode chegar até ela independentemente de seu marido, pai ou qualquer

MILAGRES DA MENTE

outra pessoa. Uma mulher não depende de seu marido para ter saúde, paz, alegria, inspiração, orientação, amor, riqueza, segurança, felicidade ou qualquer outra meta no mundo. Sua segurança e paz de espírito advêm do conhecimento que ela tem dos poderes que existem dentro dela e do uso constante das leis da sua própria mente de modo construtivo. Casar-se por dinheiro ou para vingar-se de alguém é, obviamente, uma farsa, um embuste.

Um homem e uma mulher devem estar subjetivamente unidos no sentido de que um amor ou sentimento de unicidade verdadeiro prevaleça; em outras palavras, dois corações unem-se no amor, na liberdade e no respeito.

Várias pessoas me disseram: "Ah, nós nos amamos; por que deveríamos nos preocupar em casar?" A resposta a essa pergunta é extraordinariamente simples: o que sentimos subconscientemente e aceitamos como verdadeiro é sempre materializado ou manifestado no plano físico. O raciocínio deles, portanto, é falso e insincero. A lei da mente é: "Como é por dentro, assim é por fora."

COMO UTILIZAR O SUBCONSCIENTE NOS PROBLEMAS CONJUGAIS

Vamos tomar o caso de um homem e uma mulher que cometeram um erro genuíno. Ela agora se vê casada com um viciado em drogas; ele se recusa a trabalhar; ela tem de sustentá-lo; ele é impiedoso e cruel. É verdade que, devido a seu estado de espírito, ela atraiu esse homem, mas não está condenada a viver em um mundo de tormento causado por sua própria disposição de ânimo ou ignorância. Se tivesse utilizado seu subconsciente da forma correta, isso não teria acontecido. (Tenho certeza de que se você caísse na sarjeta, escorregasse, quem sabe, numa casca de banana, seria absurdo condenar-se a permanecer na sarjeta. O óbvio a ser feito seria sair da sarjeta, lavar-se e seguir em frente.) A mulher a quem nos referimos arrumou suas coisas e abandonou seu marido. Ela percebeu que era uma situação intolerável. Certamente essa mulher não está condenada a viver com esse homem, uma vez que seus corações e mentes estão a quilômetros de distância. Você pode amarrar duas pessoas com uma corda, mas elas estarão tão afastadas quanto os polos em pensamento, sentimento e perspectiva.

Você está mentalmente divorciado quando sua mente e seu coração estão em outro lugar. Ficarem juntos em tais circunstâncias é algo caótico visto de todos os ângulos. O casamento é uma união de dois corações; não existe casamento quando os corações não estão unidos no amor e na paz. O adultério ocorre primeiro no coração. O coração é a sede das emoções. Se você fica ressentido, com ódio, e critica seu parceiro, já cometeu adultério no seu coração.

Direcionar suas operações mentais e emocionais para canais destrutivos e negativos representa cometer adultério. Lembre-se sempre de que o estado adúltero ocorre na mente. Os atos corporais seguem os estados mentais; eles não os precedem.

Talvez enquanto lê estas páginas você esteja dizendo: "Conheço um jovem casal que se casou recentemente. Os dois usavam as leis da mente; eles pareciam perfeitamente felizes em todos os sentidos. Agora estão pensando em divórcio." A atitude mental que os atraiu e fez com que se amassem deve ser mantida e fortalecida a fim de preservar o casamento. Se surge um desentendimento ou ocorre uma pequena discussão e um dos parceiros ocupa a mente com uma ideia negativa,

COMO UTILIZAR O SUBCONSCIENTE NOS PROBLEMAS CONJUGAIS

como ressentimento ou hostilidade, ele está se unindo ao erro em sua mente, e isso é destrutivo para a felicidade conjugal.

As pequenas discussões e discórdias em que as pessoas casadas se envolvem não causarão dano; o rancor prolongado ou o sentimento ruim que fazem mal. Quando as palavras ásperas ditas são completamente esquecidas e perdoadas alguns minutos depois, nenhum dano foi causado. O perigo está quando o sentimento de mágoa se prolonga.

Se um homem começa a remoer e ficar grosseiro com sua esposa por causa das coisas que ela disse ou fez, ele está cometendo adultério, uma vez que está mentalmente envolto em amargura. Esse estado de espírito colocará o casamento em perigo, a menos que ele perdoe e irradie amor e boa vontade para a sua parceira. Deixe que o homem amargo e ressentido engula seus comentários ácidos; deixe que ele faça todo o possível para ser atencioso, gentil e cortês. Ele pode habilmente contornar as diferenças. Por meio da prática e do esforço mental, pode abandonar o hábito do antagonismo e então conseguirá se dar melhor não apenas com a sua esposa, mas também com os parceiros de negócios. Adote o estado de harmonia e, por fim, você encontrará paz e harmonia.

Vamos tecer alguns comentários sobre a esposa resmungona. Muitas vezes ela reclama porque não recebe atenção; frequentemente, é um desejo de ter amor e afeição. Dê isso a ela. Existe também o tipo de mulher resmungona que deseja fazer com que o homem se ajuste ao seu modelo em particular. Esse é o jeito mais rápido do mundo de livrar-se de um homem.

A esposa e o marido devem parar de se alimentar das diferenças entre si — sempre examinando as pequenas falhas e erros do outro. Deixe que cada um dedique atenção e elogios às qualidades positivas e maravilhosas do outro.

Um grande erro é conversar sobre seus problemas conjugais ou suas dificuldades com os vizinhos e parentes. Suponha, por exemplo, que uma esposa diga ao vizinho: "João nunca me dá dinheiro, trata minha mãe de forma abominável, bebe demais e ofende e insulta as pessoas constantemente." Essa esposa está degradando e depreciando seu marido aos olhos de todos os vizinhos e parentes; ele não parece mais o marido ideal para eles.

COMO UTILIZAR O SUBCONSCIENTE NOS PROBLEMAS CONJUGAIS

Nunca fale de seus problemas conjugais com ninguém, a não ser com um psicólogo formado. Por que permitir que terceiros pensem de forma negativa sobre o seu casamento? Além do mais, enquanto se estende sobre os defeitos do seu marido, você está na verdade criando esses estados dentro de si. Quem está pensando e sentindo isso? Você! Como pensa e sente, assim é você.

Os parentes geralmente lhe darão o conselho errado, normalmente tendencioso e preconceituoso, uma vez que não é dado de modo impessoal. Qualquer conselho que você receba que viole a regra de ouro — que é uma lei cósmica — não é bom nem saudável.

É bom lembrar que dois seres humanos jamais viveram sob o mesmo teto sem conflitos de temperamento, períodos de mágoa e tensão. Nunca demonstre o lado infeliz do seu casamento para seus amigos. Guarde as discussões para si. Abstenha-se de criticar e condenar seu parceiro.

Se há filhos em casa, é conveniente que o pai elogie a mãe deles e que chame atenção para as suas boas qualidades e os aspectos felizes da casa.

O marido não deve tentar transformar sua esposa numa segunda versão de si. A tentativa desajeitada de mudá-la é, de muitas maneiras, estranha à natureza dela; essas tentativas são sempre absurdas e muitas vezes resultam na dissolução do casamento. Elas destroem seu orgulho e sua autoestima e despertam um espírito de contrariedade e ressentimento que se revelará fatal ao laço do matrimônio.

Os ajustes são necessários, é claro, mas se der uma boa olhada dentro de si e examinar seu caráter e seu comportamento, você encontrará defeitos para se manter ocupado pelo resto da vida. Se você diz "Eu o transformarei no que quero", está procurando encrenca e divórcio. Está chamando desgraça, e terá de aprender da maneira mais difícil que não existe ninguém a mudar a não ser você mesmo.

Se tiver um problema conjugal, pergunte-se o que deseja. Depois, perceba que pode atingir o objetivo. Você resolveria seu problema conjugal da mesma maneira que qualquer outro problema. Defina claramente o que deseja, e depois perceba que a mente cria aquilo de que se ocupa.

Certa vez uma mulher me disse que, após trinta anos, seu marido começou a beber muito, descuidando-se da casa e dos filhos. Ela começou a pedir paz e harmonia em sua casa e em seu coração. Não prestou atenção às circunstâncias e às condições em que estavam vivendo. Ela tranquilamente ocupou sua mente com o objetivo, sabendo que seu subconsciente traria e aumentaria aquilo a que ela desse atenção. A harmonia e a paz voltaram novamente após alguns meses de sua dedicação ao seu verdadeiro objetivo. Isso também ilustra *os milagres do subconsciente.*

Ao se ressentir e opor-se à situação, essa mulher apenas pioraria as coisas. Se existe discussão e discórdia em casa, afaste sua atenção das personalidades, circunstâncias e condições e concentre-a em seu ideal, que é o amor, a paz e a harmonia. Ao alimentar sua mente com essas ideias, o subconsciente responderá e trará harmonia.

Frequentemente me fazem esta pergunta: "Se um dos parceiros tiver um desejo intenso de pôr fim ao casamento; e o outro um desejo igualmente intenso de que permaneçam unidos e os dois forem sinceros, o que acontecerá?" Em tais casos, existe

MILAGRES DA MENTE

um cabo de guerra mental; é uma casa dividida contra si mesma, e mais cedo ou mais tarde se dissolverá. No entanto, a atitude mental deles pode prolongar a situação.

A maneira correta e apropriada de resolver esse problema conjugal é afastar o pensamento das personalidades e das condições e começar a direcionar o pensamento para seu verdadeiro desejo, confiando que a inteligência infinita dentro de você trará a solução perfeita. Por meio da correta aplicação da lei do seu subconsciente, você poderá trazer harmonia para onde existe discórdia e fazer renascer a paz onde reina a confusão; além do mais, o uso correto do seu subconsciente pode desfazer um casamento ruim.

Não deixe que o orgulho tolo, a raiva e o desejo de se vingar o levem ao divórcio, quando seu coração está o tempo todo com o cônjuge que você abandonou. Deixe que o amor, a boa vontade e a bondade o levem de volta a quem você ama. Você pode resolver qualquer problema por meio da utilização e do direcionamento corretos do seu subconsciente.

COMO UTILIZAR O SUBCONSCIENTE NOS PROBLEMAS CONJUGAIS

Ouvir a intuição ou a orientação que vem da sabedoria subjetiva dentro de você talvez o tivesse impedido de contrair o matrimônio atual. Você não sabia como usá-la; agora sabe. Se teve um mau começo, agora pode ajustá-lo usando o procedimento e as técnicas descritas neste capítulo. Ao exaltar e elevar seu parceiro em pensamento e sentimento e sempre alimentar as excelentes qualidades que uniram vocês dois, você faz do seu casamento uma experiência bonita e uma alegria eterna.

CAPÍTULO 6
O subconsciente e a orientação

Ao explicar o funcionamento do subconsciente a uma turma de faculdade, um dos alunos presentes disse que a resposta para o seu problema lhe ocorreu quando estava se barbeando. Isso aconteceu porque ele estava relaxado, então a sabedoria e a intuição do subconsciente vieram à tona.

Esse homem vinha se dedicando intensa e conscientemente a esse problema havia vários dias. Ao aderir às instruções a seguir, ele obteve resultados. Todas as noites, quando estava prestes a dormir, ele dizia: "Agora estou passando essa solicitação para a minha mente mais profunda; sei que ela tem a resposta, e eu a receberei."

No primeiro capítulo, eu disse que o subconsciente o acordaria às 6h porque você estava pensando naquela hora antes de dormir. Do mesmo modo, o subconsciente ocupou-se do caso desse homem; tendo a sabedoria superior, ele logicamente deduziu a resposta perfeita e passou-a para ele.

Você notará com frequência que, imediatamente após acordar, a resposta lhe virá, porque você ainda está meio adormecido e meio desperto; existe um afloramento da sabedoria do subconsciente naquele momento.

Quando você é assediado por um problema, o que faz? Muitas pessoas se preocupam e ficam inquietas com a situação, o que piora as coisas, porque o subconsciente sempre aumenta o que incutimos nele.

Muitos comparam o subconsciente a um banco; você está constantemente fazendo depósitos nesse banco universal. Tenha a certeza de depositar sementes de paz, harmonia, fé e boa vontade. Elas serão aumentadas mil vezes, e então você colherá prosperidade e sorte. Como você se vê reagindo aos problemas do dia e ao seu ambiente? Se reagir com raiva, amargura, crítica e ressentimento, você estará fazendo esses depósitos no banco dentro de você. Quando precisar de força, fé e confiança,

O SUBCONSCIENTE E A ORIENTAÇÃO

você não conseguirá retirá-las, porque não colocou essas qualidades no seu banco.

Comece agora a depositar alegria, amor, paz e bom humor. Ocupe sua mente com esses elementos, e então o banco do subconsciente lhe dará juros multiplicados. Ele aumentará muito além dos seus sonhos mais extravagantes.

Quando tiver de tomar uma decisão ou quando não conseguir enxergar a solução para um problema, comece imediatamente a pensar nele de forma construtiva. Se estiver com medo e preocupado, não estará realmente pensando. O pensamento verdadeiro consiste em contemplar tudo aquilo que é genuíno, justo, honesto, atraente e bom. O pensamento verdadeiro é livre do medo. O motivo real do medo é um conceito falso ou uma visão equivocada das coisas. Provavelmente você acredita que as coisas externas, as condições e as circunstâncias estão no controle e são as causadoras de seu problema. Lembre-se de que você tem o domínio sobre o seu ambiente e as circunstâncias.

Eis uma técnica simples que você pode seguir: aquiete a mente, acalme o corpo e mande-o relaxar; ele precisa lhe obedecer. Ele não tem vontade, iniciativa nem inteligência próprias; é um disco emocional que grava suas crenças e suas impressões. Imobilize sua atenção e concentre seus pensamentos na solução para os seus problemas. Tente resolvê-los com sua mente consciente. Pense no quanto você ficaria feliz com a solução perfeita. Se sua mente vagar, traga-a gentilmente de volta. Em estado sonolento, diga baixinho e de forma positiva: "A resposta é minha agora; sei que meu subconsciente conhece a resposta."

Viva agora no estado de espírito ou no sentimento da resposta. Deixe-se dominar pela sensação que teria se a resposta perfeita fosse sua agora. Deixe sua mente brincar com esse estado de espírito de modo relaxado; depois, caia no sono. Você pode dormir antes do esperado, mas estava pensando na resposta; o tempo não foi desperdiçado. Quando acordar, se não tiver a solução para o seu problema, ocupe-se com outra atividade. Provavelmente, quando estiver distraído, a resposta virá à sua mente da mesma forma que uma torrada pula da torradeira.

Nunca pense no seu problema desta maneira: "As coisas estão piorando. Nunca obterei a resposta",

O SUBCONSCIENTE E A ORIENTAÇÃO

"Não vejo saída" ou "Não tem jeito". Você está invertendo a lei e desfazendo o bom trabalho que fez. Pensar na resposta ativa a inteligência do subconsciente, que conhece tudo, vê tudo e tem uma "técnica" de realização.

O subconsciente tem o poder de criar; ele também obedece às ordens dadas a ele pela mente consciente. Lembre-se sempre desta simples verdade: a mente consciente tem o poder de escolha; o subconsciente faz o que lhe dizem para fazer. Ele aceita suas crenças e suas convicções e as traz à sua experiência. É um poder criativo infinito.

Algum tempo atrás, recebi um recorte de uma revista descrevendo como um certo Dr. Banting resolveu seu problema de diabetes. Ele fez um estudo profundo da doença. Um dia, foi acordado nas primeiras horas da manhã com a resposta: extrair a substância do canal pancreático degenerado dos cachorros. Essa foi a origem da insulina, que tem ajudado milhões de pessoas.

Isso não quer dizer que você sempre terá a resposta de um dia para o outro; talvez ela não venha por várias semanas ou meses. Não fique desapontado. Continue passando a tarefa para

MILAGRES DA MENTE

o subconsciente antes de dormir, como se nunca tivesse feito antes.

Uma das razões para o atraso pode ser o fato de você o considerar um grande problema. Talvez você acredite que levará um longo tempo para resolvê-lo.

O subconsciente não tem tempo nem espaço. Vá dormir acreditando que tem a resposta agora e que a solução é sua. Não procure a resposta no futuro. Tenha fé duradoura nos resultados. Convença-se agora, enquanto lê este livro, de que existe uma resposta e uma solução perfeita para você.

Aqui está uma técnica muito simples utilizada há bastante tempo para obter uma resposta do subconsciente: pense calmamente no que deseja, como a resposta, a solução harmoniosa ou a decisão correta. O melhor momento de transmitir um pedido é logo antes de dormir. Relaxe o corpo, acalme as engrenagens da sua mente, sugira o sono para si. Você começará a ficar sonolento, mas ainda estará consciente e capaz de direcionar sua atenção.

Você poderá, por exemplo, ouvir um bebê chorar ao lado ou alguém caminhando em volta da casa. Você estará em um estado semelhante ao sono, entre o estado do sono e o estado desperto. (A Escola Terapêutica de Nancy denomina esse estado *devaneio*.) Nesse estado sonolento e meditativo, você induz o subconsciente a assumir o controle do seu problema ou da sua solicitação; essa *passagem de tarefa* para o subconsciente é realizada da melhor maneira por meio do processo descrito acima. Não se supõe um oponente; não se utiliza a força de vontade. Você imagina o fim, a solução e o estado de liberdade. Faça isso com completa ingenuidade e simplicidade. Tenha uma fé simples, como uma criança, capaz de produzir milagres. Imagine-se sem o problema. Elimine toda a burocracia do processo.

A maneira simples é a melhor. Aqui está uma ilustração: perdi um anel valioso. Era uma herança de família. Procurei em toda parte e não consegui localizá-lo. Decidi praticar o que prego! À noite, conversei com o subconsciente do mesmo modo que conversaria com qualquer pessoa. Disse a ele antes de cair no sono: "Você conhece tudo; sabe onde está o anel e me revelará agora." De manhã acordei de repente com as palavras soando no meu ouvido: "Pergunte ao Robert!"

MILAGRES DA MENTE

Robert é o nosso filho. Ele tem 14 anos, e achei muito estranho que devesse perguntar-lhe; no entanto, segui a voz interior da intuição.

Ele disse: "Ah, sim, eu o peguei na calçada em frente de casa. Está na minha gaveta. Não parecia muito valioso, então não disse nada a respeito!" O subconsciente sempre lhe responderá se você confiar nele.

Um jovem teve a seguinte experiência: seu pai passou para a próxima dimensão e aparentemente não deixou testamento. No entanto, a irmã desse homem lhe disse que seu pai havia lhe confidenciado que um testamento justo para todos havia sido lavrado. Nenhuma tentativa de localizar o testamento teve êxito. Durante uma aula sobre "Os milagres do subconsciente", esse jovem pôs em prática o que ouviu. Quando foi dormir, ele disse: "Eu agora passo essa solicitação para o subconsciente; ele sabe exatamente onde o testamento está e revelará para mim"; então, resumiu sua solicitação a uma palavra: "Resposta", repetindo-a várias vezes como uma canção de ninar. Ele embalou-se com essa palavra.

O SUBCONSCIENTE E A ORIENTAÇÃO

Esse aluno teve um sonho naquela noite, um sonho muito vívido e quase real em que via o nome de um dado banco em Los Angeles e seu endereço. Ele foi até lá e encontrou um cofre de segurança para depósitos em nome de seu pai, o que resolveu todos os seus problemas.

Enquanto adormece, seu pensamento desperta a poderosa latência que existe dentro de você. Vamos supor, por exemplo, que você esteja pensando em vender sua casa, comprar uma certa ação, romper uma parceria, mudar-se para Nova York ou permanecer em Los Angeles, rescindir um contrato atual ou formular um novo. Faça isso: sente-se quieto numa poltrona ou à mesa do seu escritório e lembre-se de que existe uma lei universal de ação e reação. A ação é o seu pensamento. A reação é a resposta do subconsciente. O subconsciente é reativo e reflexivo; essa é sua natureza. Ele devolve, recompensa, restitui; é a lei da correspondência. Ele reage correspondendo.

Enquanto medita sobre a ação correta, você automaticamente terá uma reação ou resposta dentro de si. Você utilizou a inteligência infinita existente no subconsciente até o ponto em que ele

MILAGRES DA MENTE

começa a usar você; daí em diante, seu rumo será direcionado e controlado pela sabedoria subjetiva, que tudo conhece e é onipotente. Sua decisão será correta; haverá apenas ação correta, porque você está sob uma compulsão subjetiva para fazer a coisa certa. Usei a palavra *compulsão* porque a lei do subconsciente é compulsiva.

Nossas convicções e crenças subconscientes ditam e controlam todas as nossas ações. O segredo da orientação ou da ação correta é dedicar-se mentalmente à resposta certa até encontrá-la dentro de você. A solução para um problema é um sentimento, uma consciência interior, um pressentimento muito grande por meio do qual você sabe que sabe. Você usou o poder até o ponto em que ele começa a usá-lo. Você não pode falhar ou dar um passo em falso enquanto opera sob a direção da sabedoria subjetiva dentro de si.

Pense em um jardim; então você compreenderá o aspecto duplicado da mente e a lei subjetiva segundo a qual ela opera. A mente consciente planta a semente no solo. Ela decide que tipo de semente deverá ser plantada. Como você sabe, o solo cultivará o que for plantado, seja uva ou espinho.

O SUBCONSCIENTE E A ORIENTAÇÃO

De modo semelhante, considere o subconsciente como o solo: ele contém todos os elementos necessários e essenciais ao crescimento. Mais uma vez vamos perceber que é da natureza do solo *produzir,* mas, como você sabe, ele não está nem um pouquinho interessado no que produz. Não se importa se produz uma pereira ou uma macieira. Todas as leis da natureza seriam violadas se o solo se recusasse a produzir ou cultivar plantas venenosas.

O mesmo vale para o subconsciente: ele é um agente, nunca questiona nem faz objeções. Aceita o que você deposita nele e o produz na sua experiência, seja ela boa ou ruim. Aprenda a usar o subconsciente de forma construtiva, sábia e sensata.

Quero enfatizar este fato importante: você sempre receberá orientação com respeito ao assunto em que mais pensa. O subconsciente é impessoal e trata a todos do mesmo modo. Se, por exemplo, você começa a pensar sobre como pode colocar fogo num certo prédio sem ser descoberto, as ideias e os pensamentos para o mal e para os usos destrutivos do fogo surgirão para você. A energia, ou o poder universal em si, é completamente inofen-

MILAGRES DA MENTE

siva; no entanto, você pode usá-la com propósitos construtivos ou destrutivos.

Vamos tomar como exemplo a energia atômica sobre a qual tanto lemos; ela é completamente inofensiva. Você sabe muito bem que é na mente humana que está o perigo da energia atômica. Ela pode ser usada para aquecer ou iluminar uma casa ou destruir milhares de pessoas.

Você recebe orientação de acordo com o que pensa habitualmente. Se pensa muito em medos, problemas e fracasso, será guiado na direção errada, e mais caos e confusão você vivenciará.

Pegue esse grande pensamento e reflita sobre ele. Não há nada a temer em todo o universo! Você tem o poder de controlar, por meio do uso sábio do subconsciente. Sente-se imóvel agora e pense em um lindo lago no topo de uma montanha; é uma noite calma e tranquila. Na superfície do lago calmo e plácido, você vê refletidas as estrelas, a lua e talvez as árvores próximas. Se a água do lago for agitada, você não verá as estrelas nem a lua. Do mesmo modo, aquiete sua mente, relaxe e solte-se. Pense em paz e calma; depois, nas águas refletidas da sua mente, surgirá a resposta à sua pergunta!

Sobre o autor

Joseph Murphy nasceu no dia 20 de maio de 1898 numa cidadezinha no condado de Cork, na Irlanda.

O pai, Denis Murphy, era diácono e professor da Escola Nacional da Irlanda, uma instituição jesuíta. A mãe, Ellen, cujo nome de solteira era Connelly, era dona de casa e mais tarde deu à luz outro filho, John, e uma filha, Catherine.

Joseph foi criado numa casa de severa instrução católica. Seu pai era muito devoto e, na verdade, um dos poucos professores laicos que dava aula aos seminaristas jesuítas. Ele tinha um amplo conhecimento geral e desenvolveu em seu filho o desejo de estudar e aprender.

Naquela época, a Irlanda passava por uma de suas muitas depressões econômicas, e várias

MILAGRES DA MENTE

famílias passavam fome. Embora Denis Murphy tivesse um emprego fixo, sua renda mal dava para sustentar a família.

O jovem Joseph estava matriculado na Escola Nacional e era um aluno brilhante. Ele foi estimulado a estudar para o sacerdócio e foi aceito como seminarista jesuíta. No entanto, quando chegou ao final da adolescência, começou a questionar a ortodoxia católica dos jesuítas e retirou-se do seminário. Como seu objetivo era explorar novas ideias e viver novas experiências — meta que ele não poderia alcançar numa Irlanda de dominação católica —, abandonou a família para ir para os Estados Unidos.

Chegou ao Centro de Imigração da Ellis Island com apenas cinco dólares no bolso. Seu primeiro projeto era encontrar um lugar para viver. Teve sorte de achar uma pensão na qual acabou dividindo um quarto com um farmacêutico que trabalhava na farmácia local.

O conhecimento de inglês de Joseph era mínimo, uma vez que se falava o gaélico tanto em casa quanto na escola. Então, como a maioria dos imigrantes irlandeses, Joseph trabalhou como dia-

SOBRE O AUTOR

rista, ganhando o suficiente para pagar o aluguel e a alimentação.

Joseph e seu companheiro de quarto tornaram-se grandes amigos, e, quando surgiu uma vaga na farmácia onde este trabalhava, ele foi contratado como assistente do farmacêutico. Assim, inscreveu-se imediatamente numa escola para estudar Farmácia. Com sua mente alerta e o desejo de aprender, não levou muito tempo para Joseph passar nas provas de qualificação e se tornar farmacêutico habilitado, passando a ganhar o suficiente para pagar o aluguel de seu próprio apartamento. Após alguns anos, comprou a farmácia e, nos anos seguintes, teve um negócio de sucesso.

Quando os Estados Unidos entraram na Segunda Guerra Mundial, Joseph se alistou no Exército e foi designado para trabalhar como farmacêutico na unidade médica da 88ª Divisão de Infantaria. Naquela época, renovou seu interesse pela religião e começou a ler bastante sobre várias crenças espirituais. Após sua dispensa do Exército, decidiu não retornar à carreira farmacêutica. Viajou muito, fazendo cursos em várias universidades, tanto nos Estados Unidos quanto em outros países.

MILAGRES DA MENTE

Devido aos estudos, foi arrebatado pelas várias religiões asiáticas e seguiu para a Índia, a fim de aprendê-las a fundo. Estudou as principais crenças desde a sua origem. Estendeu os estudos aos grandes filósofos, desde os dos tempos antigos até os do presente.

Embora estudasse com alguns dos professores mais inteligentes e de visão mais ampla, a pessoa que mais o influenciou foi o Dr. Thomas Troward, que, além de filósofo, médico e professor, era juiz. O juiz Thomas tornou-se o mentor de Joseph, que, com ele, aprendeu filosofia, teologia e direito, além de ter sido apresentado ao misticismo e, especialmente, à maçonaria. Tornou-se um membro ativo dessa organização e, ao longo dos anos, ascendeu na hierarquia até o 32º grau do Rito Escocês.

Ao regressar aos Estados Unidos, Joseph decidiu se tornar pastor e levar seu amplo conhecimento ao público. Como seu conceito de cristianismo não era tradicional e, de fato, ia de encontro à maioria das denominações cristãs, ele fundou sua própria igreja em Los Angeles. Atraiu um pequeno número de congregados, mas não levou muito tempo para que sua mensagem de otimismo e esperança, em

SOBRE O AUTOR

vez dos sermões de "pecado e danação" de tantos pastores, conquistasse muitos homens e mulheres à sua igreja.

O Dr. Joseph Murphy foi proponente do movimento do Novo Pensamento. Este movimento foi desenvolvido e pregado no fim do século XIX e começo do século XX por muitos filósofos e pensadores, que estudaram, escreveram e praticaram um novo modo de olhar a vida. Ao associar uma abordagem metafísica, espiritual e pragmática ao modo como pensamos e vivemos, eles revelaram o segredo para atingir o que desejamos de verdade.

Os defensores do movimento do Novo Pensamento pregavam uma ideia diferente de vida que traz novos métodos e melhores resultados, e temos a capacidade de usá-lo para enriquecer nossa vida. Podemos fazer tudo isso apenas porque descobrimos e compreendemos a lei, a qual Deus parecia ter escrito por meio de enigmas no passado.

É claro que o Dr. Murphy não foi o único pastor a pregar essa mensagem positiva. Várias igrejas, cujos pastores e congregados foram influenciados pelo movimento do Novo Pensamento, foram fundadas e desenvolvidas nas décadas seguintes à Segunda Guerra Mundial. A Igreja da Ciência Religiosa, a Igreja da Unidade e lugares de adoração semelhantes pregam filosofias parecidas com essa. Dr. Murphy batizou a sua organização de Igreja da Divina Ciência. Frequentemente dividia o tablado, conduzia programas conjuntos com seus correligionários e treinava outros homens e mulheres para ingressar em seu ministério.

Ao longo dos anos, outras igrejas uniram-se a ele no desenvolvimento de uma organização chamada Federação da Divina Ciência, que abriga todas as Igrejas da Divina Ciência. Cada um dos líderes dessas igrejas continuou a insistir em mais formação educacional, e o Dr. Murphy foi um dos principais apoiadores da criação da Escola da Divina Ciência em St. Louis, no estado do Missouri, para formar novos pastores e fornecer treinamento educacional contínuo tanto para eles quanto para os congregados.

A reunião anual dos pastores da Divina Ciência era imperdível, e Dr. Murphy era um orador de destaque nelas. Incentivava os participantes a estudar e continuar a aprender, principalmente sobre o subconsciente.

SOBRE O AUTOR

Nos anos seguintes, a Igreja da Divina Ciência cresceu tanto que o prédio ficou pequeno demais para comportar seus membros. Então, Dr. Murphy alugou o Wilshire Ebell Theater, um antigo cinema. Seus sermões mobilizavam tantas pessoas que às vezes nem mesmo esse lugar conseguia acomodar todos que desejavam participar. Seminários e palestras realizadas por ele e seu pessoal quase todos os dias e noites suplementavam os sermões de domingo, que eram assistidos por 1.300 a 1.500 pessoas. A igreja permaneceu no Wilshire Ebell Theater até 1976, quando se mudou para outro lugar em Laguna Hills, no estado da Califórnia, perto de uma comunidade de retiro.

Para alcançar o vasto número de pessoas que queria ouvir sua mensagem, Dr. Murphy criou um programa de rádio semanal, que por fim alcançou um público de mais de um milhão de ouvintes.

Muitos de seus seguidores desejavam mais que apenas resumos e sugeriram que ele gravasse suas palestras e programas de rádio. A princípio, ele relutou em fazer isso, mas concordou em tentar. Seus programas de rádio foram gravados em discos de 78 rotações, uma prática comum naquela época. Fez seis fitas cassete a partir de um desses discos e colocou-as no balcão de informação no saguão do Wilshire Ebell Theater. Todas foram vendidas em uma hora. Isso deu início a um novo empreendimento. As fitas de suas palestras explicando textos bíblicos e fornecendo meditações e preces para os ouvintes foram vendidas não apenas na sua igreja, mas também em outras igrejas, em livrarias e pelo correio.

À medida que a igreja crescia, Dr. Murphy contratava mais profissionais e auxiliares administrativos para ajudá-lo nos diversos programas em que se envolvia e na pesquisa e preparo de seus primeiros livros. Um dos seus empregados mais eficientes era sua secretária, a Dra. Jean Wright. A relação de trabalho transformou-se em romance, e eles se casaram — uma longa parceria que enriqueceu a vida de ambos.

Nessa época (nos anos 1950), havia pouquíssimas editoras de grande porte especializadas em material religioso. Os Murphy localizaram algumas pequenas editoras em Los Angeles e com elas produziram uma série de livrinhos (frequentemente de 30 a 50 páginas impressas em forma de

SOBRE O AUTOR

panfleto), que eram vendidos, principalmente em igrejas, por um preço que variava de 1,50 a três dólares por livro. Quando a demanda por esses livros aumentou até o ponto de exigirem uma segunda e terceira edições, as grandes editoras reconheceram que havia um mercado para eles e os acrescentaram aos seus catálogos.

Dr. Murphy tornou-se conhecido fora de Los Angeles por causa de seus livros, fitas e transmissões de rádio e foi convidado a dar palestras em todo o país. Não limitou suas apresentações aos assuntos religiosos, mas falou sobre os valores históricos da vida, a arte da vida saudável e os ensinamentos dos grandes filósofos — tanto das culturas orientais quanto das ocidentais.

Como ele nunca aprendeu a dirigir, precisou providenciar alguém para levá-lo aos vários lugares a que era convidado para dar palestras e a outros locais no seu horário muito apertado. Uma das funções de Jean como sua secretária, e mais tarde como sua esposa, era planejar suas tarefas, providenciar trens e voos, transporte do aeroporto ao hotel e todos os outros detalhes das viagens.

MILAGRES DA MENTE

Os Murphy viajavam com frequência pelo mundo inteiro. Uma de suas atividades favoritas em períodos de recesso do trabalho era realizar seminários em cruzeiros. Essas viagens duravam uma semana ou mais e os levavam a diversos países.

Uma das práticas mais gratificantes de Dr. Murphy era conversar com detentos em prisões. Muitos escreveram para ele ao longo dos anos, dizendo-lhe como suas palavras tinham de fato transformado suas vidas e os inspirado a levar uma existência espiritual e significativa.

Ele viajou pelos Estados Unidos e para vários países da Europa e da Ásia. Em suas palestras, enfatizava a importância de compreender o poder do subconsciente e os princípios de vida baseados no único Deus, o "EU SOU".

Seus livros em formato de panfleto foram um sucesso tão grande que ele começou a transformá-los em obras mais detalhadas e extensas. Sua esposa nos deu uma noção sobre sua maneira e seu método de redigir. Ela relatou que ele escrevia seus manuscritos num bloco de papel e forçava tanto o lápis ou a caneta que se podia ler uma página pela marca feita na seguinte. Dr. Murphy parecia estar

SOBRE O AUTOR

em transe quando escrevia. Permanecia em seu escritório de quatro a seis horas sem ser incomodado, até que parasse e dissesse que bastava para aquele dia. Era sempre a mesma coisa. Ele só voltava ao escritório novamente na manhã seguinte, para terminar o que havia começado. Não comia nem bebia enquanto estava trabalhando. Ficava sozinho com seus pensamentos e sua enorme biblioteca, a cujos livros recorria de tempos em tempos. Sua esposa o protegia dos visitantes e das ligações e mantinha a igreja e outras atividades funcionando.

Dr. Murphy estava sempre buscando um jeito simples de discutir certas questões e aperfeiçoar pontos que explicariam detalhadamente como o indivíduo é afetado. Escolhia algumas de suas palestras para apresentar em fita cassete, disco ou CD à medida que novas tecnologias eram desenvolvidas e entravam no mercado.

Toda a obra de Joseph Murphy em CD e fita cassete pode ser utilizada para a maioria dos problemas enfrentados na vida e resiste à prova do tempo na concretização dos objetivos, como era a intenção. Seu tema básico é que a solução para todos os problemas está dentro de cada um de nós.

MILAGRES DA MENTE

Os elementos exteriores não podem mudar o pensamento de uma pessoa. Em outras palavras, sua mente é somente sua. Para viver uma vida melhor, é sua mente, não as circunstâncias exteriores, que deve ser modificada. Você cria seu próprio destino. O poder de mudança está na sua mente, e, ao utilizar o poder do subconsciente, você pode fazer mudanças para melhor.

Dr. Murphy escreveu mais de trinta livros, e sua obra mais famosa, *O poder do subconsciente*, publicada pela primeira vez em 1963, tornou-se um best-seller instantaneamente, sendo aclamada como um dos melhores guias de autoajuda já escrito. Milhões de exemplares foram e continuam a ser vendidos em todo o mundo.

Entre alguns dos seus outros livros mais vendidos estão *Telepsiquismo, A magia do poder extra-sensorial, Segredos do I Ching, O milagre da dinâmica da mente, O poder milagroso para alcançar riquezas infinitas* e *O poder cósmico da mente*.

Dr. Murphy morreu em dezembro de 1981, mas sua esposa, a Dra. Jean Murphy, continuou seu ministério. Citando seu falecido esposo, em

SOBRE O AUTOR

uma palestra que proferiu em 1986, ela reiterou a sua filosofia:

> Quero ensinar aos homens e às mulheres sobre sua Origem Divina e os poderes reinantes dentro deles. Quero informar que esse poder está neles e que eles são seus próprios salvadores, capazes de alcançar sua própria salvação. Esta é a mensagem da Bíblia, e noventa por cento da nossa confusão de hoje se deve à interpretação equivocada e literal das verdades transformadoras da vida nela contidas.
>
> Quero atingir a maioria, o homem comum, a mulher sobrecarregada de obrigações e que sufoca seus talentos e suas habilidades. Quero ajudar as outras pessoas em cada estágio ou nível de consciência a descobrir as maravilhas interiores.

Disse ela sobre o marido: "Ele era um místico prático, possuidor de um intelecto erudito, a mente de um executivo bem-sucedido, o coração de um poeta." Sua mensagem, em resumo, era: "Você é o rei, o governante do seu mundo, uma vez que está com Deus."

Outras obras do Dr. Joseph Murphy

TELEPSIQUISMO

Em *Telepsiquismo*, o Dr. Joseph Murphy compartilha métodos simples e profundos para usar ao máximo o subconsciente, a fé e a prece a fim de atingir a grandeza material e espiritual, reafirmando o domínio que cada um de nós exerce sobre o próprio destino.

Para aqueles que buscam entender a força da mente humana e acessar o poder mágico que existe dentro de todos nós, trata-se de um guia cheio de dicas, lições práticas e histórias tocantes de pessoas que desbloquearam seu potencial psíquico.

MILAGRES DA MENTE

Seus superpoderes

Em *Seus superpoderes*, você vai descobrir quais são os 12 superpoderes que habitam o seu subconsciente e como dominá-los. Ao disciplinar os vícios e as virtudes presentes dentro de si, você pode mobilizá-los para realizar o que almeja. O Dr. Joseph Murphy vai ensiná-lo também a superar medos e mostrar que nunca é tarde para viver a glória e a beleza que existem em seu interior.

Este livro foi composto na tipografia
Adobe Garamond Pro em corpo 13/17,75, e impresso
em papel off-white no Sistema Cameron da
Divisão Gráfica da Distribuidora Record.